200
recetas para chocolat

BLUME

Felicity Barnum-Bobb

BLUME

Título original:
200 Chocolate recipes

Traducción:
Carolina Bastida Serra

Revisión técnica de la edición en lengua española:
Eneida García Odriozola
Cocinera profesional
(Centro de formación de cocineros y pasteleros de Barcelona Bell Art).
Especialista en temas culinarios

Coordinación de la edición en lengua española:
Cristina Rodríguez Fischer

Primera edición en lengua española 2010
Reimpresión 2011 (2)

© 2010 Naturart, S.A. Editado por BLUME
Av. Mare de Déu de Lorda, 20
08034 Barcelona
Tel. 93 205 40 00 Fax 93 205 14 41
e-mail: info@blume.net
© 2008 Octopus Publishing Group, Londres

I.S.B.N.: 978-84-8076-898-6
Depósito legal: B. 28095-2011
Impreso en Tallers Gràfics Soler, S.A.,
Esplugues de Llobregat (Barcelona)

WWW.BLUME.NET

En las recetas que se presentan en este libro se utilizan medidas
de cuchara estándar. Una cucharada sopera equivale a 15 ml;
una cucharada de café equivale a 5 ml.

El horno debería precalentarse a la temperatura requerida;
siga siempre las instrucciones que marca su horno.

Las autoridades sanitarias aconsejan no consumir huevos crudos. Este libro
incluye algunas recetas en las que se utilizan huevos crudos o poco cocinados.
Resulta recomendable y prudente que las personas vulnerables, tales como
mujeres embarazadas, madres en periodo de lactancia, minusválidos, ancianos,
bebés y niños en edad preescolar eviten el consumo de los platos preparados
con huevos crudos o poco cocinados. Una vez preparados, estos platos
deben mantenerse refrigerados y consumirse rápidamente.

Este libro incluye recetas preparadas con frutos secos y derivados de los
mismos. Es aconsejable que las personas que son propensas a sufrir
reacciones alérgicas por el consumo de los frutos secos y sus derivados,
o bien las personas más vulnerables (como las que se indican en el párrafo
anterior), eviten los platos preparados con estos productos. Compruebe
también las etiquetas de los productos que adquiera para preparar los alimentos.

Este libro se ha impreso sobre papel manufacturado con materia prima procedente
de bosques de gestión responsable. En la producción de nuestros libros
procuramos, con el máximo empeño, cumplir con los requisitos medioambientales
que promueven la conservación y el uso sostenible de los bosques, en especial
de los bosques primarios. Asimismo, en nuestra preocupación por el planeta,
intentamos emplear al máximo materiales reciclados, y solicitamos a nuestros
proveedores que usen materiales de manufactura cuya fabricación esté libre
de cloro elemental (ECF) o de metales pesados, entre otros.

contenido

introducción

introducción

Todos sabemos que el chocolate es «malo», y aun así nos encanta. ¿Por qué? en primer lugar, contiene azúcar, una tentación irresistible para muchos de nosotros. Como todos los alimentos dulces, el chocolate estimula la segregación de endorfinas, hormonas naturales que generan sensaciones de placer y bienestar.

Aparte de la dulzura, el chocolate tiene varios elementos químicos que pueden ayudar a estimular las tentaciones. Muchas mujeres sienten la necesidad de comer chocolate durante el período premenstrual. Esta reacción probablemente se debe a que el chocolate contiene magnesio, y la tensión premenstrual puede causar escasez de este elemento en el organismo.

Durante el embarazo, estas ganas de comer chocolate podrían indicar una ligera anemia, que el contenido en hierro del chocolate podría ayudar a curar. Los estimulantes del sistema nervioso central, como la cafeína, también están presentes en este alimento, aunque en proporciones pequeñas. Estos estimulantes ejercen un ligero efecto en el estado de alerta, como sabemos por el café. Otro estimulante presente en el chocolate es la teobromina, que relaja los músculos blandos que envuelven los pulmones.

El chocolate también nos hace sentir bien porque interactúa con nuestro cerebro afectando a la red de neurotransmisores. Éstos, que son los mensajeros químicos del cerebro, trabajan transportando señales eléctricas entre las células nerviosas. Estas señales producen cambios en nuestras sensaciones y emociones. El chocolate también contiene el aminoácido triptófano, que es una «droga del amor» natural que el cerebro utiliza para fabricar serotonina. Los niveles altos de serotonina pueden causar sensaciones de euforia e incluso de éxtasis. Recientes estudios sobre drogas psicoactivas muestran que la adicción se asocia a la formación y el refuerzo de los neurotransmisores del cerebro. Por tanto, es posible que, cuando tomamos chocolate, nuestro cerebro se «recablee» de forma que cada vez nos guste más.

Pero ¿es posible que el chocolate sea bueno para la salud? Algunos científicos han sugerido que los flavonoides que contiene el chocolate podrían ayudar a combatir las enfermedades cardiovasculares, ya que aclaran la sangre y, así, contribuyen a evitar las coagulaciones. Investigadores de la universidad de Harvard han realizado experimentos que sugieren

que aquellos que comen chocolate tres veces al mes
viven casi un año más que los que evitan esta dulce
tentación. Lamentablemente, no todo son buenas
noticias: la investigación de Harvard también indica
que la esperanza de vida de las personas que comen
demasiado chocolate se reduce. El alto contenido en
grasas del chocolate significa que comer demasiado
puede contribuir a la obesidad, lo que a su vez conduce
a un mayor riesgo de enfermedades cardiovasculares.

Así pues, parece que el viejo refrán «lo bueno,
si breve, dos veces bueno» prevalece. Si no nos
podemos resistir a comer chocolate a menudo, lo
mejor es el chocolate negro, que tiene más contenido
en sólidos de cacao que el chocolate con leche,
y aumenta los niveles de HDL, un tipo de colesterol
que ayuda a prevenir la obstrucción de las arterias.

tipos de chocolate

Cuando compre chocolate negro o con leche,
recuerde que cuanto más alto sea el porcentaje
de cacao, más puro será el sabor del chocolate.

chocolate negro

Es el mejor tipo de chocolate para cocinar. El más
oscuro contiene entre un 70 y un 80 % de cacao,
y tiene un sabor a chocolate muy intenso debido
a su bajo contenido en azúcar. Recomiendo utilizar
chocolate negro con 50-60 % de cacao para la
mayoría de recetas de este libro, ya que es untuoso
y oscuro sin ser demasiado fuerte. Tiene un sabor
denso y achocolatado, y sirve en la mayoría de

los casos. Este tipo de chocolate se funde bien
formando una textura suave y brillante, y conserva
todo su sabor. Las marcas más baratas de chocolate
negro, que contienen 30-40 % de cacao, no son
muy recomendables.

Para añadir variedad a las recetas de este libro
también pueden ser recomendables los chocolates
negros con sabores. Se pueden encontrar chocolates
con naranja, especias, arándanos, cereza, caramelo,
café y menta, entre otros.

chocolate con leche

Es bastante más dulce que el chocolate negro
y contiene leche, azúcar y aromas añadidos, como
la vainilla. Contiene entre un 20 y un 30 % de cacao.
Cuanto más alto sea el contenido en cacao, mejor
será el sabor. Suele ser el favorito de los niños.

chocolate blanco

No contiene cacao sólido, sino que está elaborado con manteca de cacao (la grasa comestible que se extrae de las vainas durante el proceso), leche, azúcar y aromas. Las marcas más caras son las que saben mejor. El chocolate blanco con aroma de vainilla es una variedad deliciosa.

cacao en polvo

Este producto derivado del procesamiento del cacao tiene un sabor fuerte y amargo. Está indicado para intensificar el sabor del chocolate, se utiliza para cocinar y requiere la adición de azúcar.

cobertura para pasteles con sabor a chocolate

Se suele vender en la sección de pastelería de los supermercados y es una imitación de chocolate elaborada con azúcar, aceites vegetales y aromas de chocolate. Es mejor evitarla, a menos que quiera hacer unas virutas de chocolate baratas y rápidas

(*véase* pág.12). El alto contenido en grasa ayuda a formar las virutas, pero no sabrán muy bien. Una opción sería utilizar ¼ de cobertura de chocolate mezclado con ¾ de chocolate negro o chocolate con leche de buena calidad.

cómo fundir chocolate

El chocolate se vuelve delicado cuando se calienta, así que deberá ir con cuidado. Un fuego lento y remover lo menos posible son la clave del éxito. Con cualquiera de los métodos que siguen se puede añadir mantequilla, nata, leche o licor de chocolate; mientras lo esté fundiendo, remueva un par de veces para que los ingredientes se mezclen bien.

al baño María

Parta el chocolate en varios trozos y póngalos en un recipiente antitérmico. Ponga el recipiente en una cacerola llena con agua hasta ⅓ de su capacidad; asegúrese de que la base del recipiente antitérmico no esté en contacto con el agua. Deje que el agua hierva a fuego lento. No remueva el chocolate hasta que ya esté fundido. Remuévalo entonces un par de veces para obtener una crema homogénea. Si lo remueve demasiado, se estropeará. No debe entrar agua en el recipiente mientras el chocolate se está fundiendo, ya que se solidificaría. Apague el fuego y utilice el chocolate inmediatamente o déjelo en el recipiente dentro de la cacerola para que se mantenga caliente hasta que lo necesite.

en el microondas

Éste es un método muy fácil para fundir chocolate, siempre y cuando vaya con mucho cuidado. Debido a su alto contenido en azúcar, el chocolate se quema con mucha facilidad. El tiempo que tarda en fundirse depende de la cantidad de chocolate. El chocolate mantiene su forma incluso cuando está derretido, así que sólo podrá saber que está listo cuando trate de removerlo.

Ponga 100 g de onzas de chocolate en un recipiente antitérmico y métalo en el microondas a potencia media (600 watts) durante un minuto; remueva el chocolate y, si no está fundido, métalo en el microondas 30 segundos más, remuévalo y vuelva a calentarlo durante 30 segundos.

Si desea fundir una cantidad inferior, caliéntela durante 30 segundos inicialmente. Las cantidades grandes se trabajan mejor en el fogón o en el horno.

en el horno

Ponga el chocolate en un recipiente pequeño para horno y caliente el horno a 110 °C. Vigílelo con frecuencia. Como alternativa, también puede poner el chocolate en el horno apagado después de utilizarlo para hacer el pastel.

esterilizar tarros

Éste es un paso crucial a la hora de preparar cremas de chocolate para untar (*véase* pág.128), ya que los tarros deben estar completamente limpios para garantizar la conservación de las cremas. Puede lavar los tarros en el lavavajillas, o a mano con agua caliente con jabón, y luego secarlos en el horno a la potencia más baja durante 15 minutos. El tercer método consiste en llenar con agua cuatro tarros hasta $1/4$ de su capacidad; meta los tarros en el microondas y caliéntelos a potencia máxima (900 watts)

durante 5 minutos, hasta que el agua hierva. Deje secar los tarros vacíos bocabajo sobre un papel de cocina. Vierta la crema de chocolate tibia en los tarros antes de que éstos se enfríen.

utensilios

Para realizar las recetas de este libro le bastará con unos cuantos recipientes, un vaso medidor grande, una cuchara de madera y una bandeja de horno para magdalenas. Una batidora o un robot de cocina le ahorrarán tiempo. Utilice la batidora a velocidad baja para evitar que las mezclas se conviertan en una pasta pulposa. Los robots de cocina son perfectos para hacer magdalenas y *muffins*, y le ayudarán a mezclar ingredientes húmedos y secos sin necesidad de tamizar la harina.

Para ahorrar tiempo, utilice el microondas para derretir la mantequilla; 30 segundos a 900 watts. El microondas resulta ideal para fundir el chocolate (*véase* izquierda). Utilice un robot de cocina o un molinillo de café para moler frutos secos rápidamente.

las claves del éxito en la elaboración de pasteles

Hacer buenos pasteles requiere una gran precisión en medidas y temperaturas. Seguidamente le indicamos algunos trucos para mejorar la precisión:

• Invierta en un juego de cucharas de medir. Encontrará recetas que indican las medidas en cucharadas, y las cucharas que suele haber en casa varían mucho en tamaño.

• Es aconsejable utilizar la báscula digital.

• Compruebe las medidas de líquidos en un vaso medidor o utilice la báscula si tiene una digital de las que también miden líquidos.

• A menos que se indique lo contrario, la mantequilla siempre debe derretirse para cocinar.

• Cuando incorpore ingredientes a una mezcla, utilice siempre una cuchara metálica y realice suaves movimientos de cortar y mezclar para retener todo el aire posible dentro de la masa.

• Deje que la mantequilla derretida se enfríe unos minutos antes de mezclarla con huevos.

• Utilice huevos medianos a menos que se indique lo contrario.

• Antes de meterlos en el horno, forre los moldes con papel de horno antiadherente o papel aceitado.

• Si utiliza un horno convencional, ponga siempre los *muffins* y las magdalenas en la parte superior del horno. En los hornos con ventilación, la temperatura es homogénea en todo el horno, así que esto será menos relevante.

• Si utiliza un horno con ventilación, reduzca la temperatura 20 °C respecto a lo indicado en las recetas para que el plato no se queme.

decoraciones de chocolate

Las siguientes decoraciones se pueden conservar en un recipiente hermético en la nevera durante una semana aproximadamente.

chocolate rallado

Antes de rallarlo, asegúrese de que el chocolate está a temperatura ambiente. Frótelo contra un rallador de agujeros grandes directamente sobre un papel aceitado. Recoja las ralladuras con una espátula para utilizarlas como decoración.

virutas de chocolate

Para una decoración rápida, utilice un pelador de verduras para cortar virutas gruesas de la cara lisa de una tableta de chocolate. Para conseguir virutas más grandes, vierta chocolate fundido en un recipiente pequeño de plástico, como una terrina de margarina. Deje que el chocolate se enfríe hasta que se empiece a endurecer, sáquelo del recipiente y córtelo con un pelador o un cortador de queso por la base o los lados.

rizos de chocolate

Estas virutas de aspecto profesional son un poco
más laboriosas, pero vale la pena esforzarse si se
quiere hacer un pastel o un postre para una ocasión
especial. Se conservan bien en la nevera durante
varias semanas o en el congelador durante más
tiempo. Esparza chocolate fundido en una capa
fina sobre una tabla de mármol o de cristal, o sobre
la parte posterior de una bandeja. Déjelo enfriar.
Sostenga un cuchillo de hoja estrecha o un cortador
de queso en un ángulo de 45° y páselo por la
capa de chocolate para obtener los rizos.

Si el chocolate está demasiado blando y no se
riza, métalo en la nevera durante unos minutos.
Si está quebradizo y se rompe en trozos pequeños,
déjelo reposar a temperatura ambiente durante
un rato o póngalo durante unos segundos
en el microondas antes de volver a intentarlo.

hojas de chocolate

Las hojas firmes pero flexibles, como las de laurel
fresco o las de rosa, son las mejores para hacer
decoraciones para postres festivos y troncos de
chocolate. Lave y seque bien las hojas, y aplique
un poco de chocolate con una brocha o una cuchara
en el reverso. Deje enfriar y separe las hojas
del chocolate con cuidado.

garabatos de chocolate

En primer lugar, haga una manga pastelera de papel:
doble una hoja de 25 cm de papel aceitado o papel
de horno antiadherente por la mitad en diagonal
para formar un triángulo. Corte el papel por la línea
doblada. Sosteniendo el lado largo hacia usted,
enrolle el papel desde el extremo derecho hasta
el extremo del centro para formar un cono.
Enrolle el extremo derecho sobre el cono. Doble
varias veces el papel para que no se desenrolle.

Llene la manga hasta la mitad con chocolate
fundido y doble la parte abierta para asegurar la
manga antes de cortar la punta. Compruebe el flujo
y corte un poco más si desea un flujo más grueso.
Si el chocolate se endurece dentro de la manga,
caliéntelo en el microondas hasta que vuelva a
fundirse. Dibuje figuras sobre el papel (garabatos,
tirabuzones o diseños de filigrana) y déjelas enfriar.
Separe las figuras del papel y utilícelas para decorar
postres fríos. No haga dibujos demasiado finos
o se romperán.

Una alternativa más rápida es utilizar mangas
pasteleras de plástico o sencillamente rociar
el chocolate sobre el pastel con una cucharita.

formas de chocolate recortadas

Esparza chocolate fundido sobre una bandeja forrada
con papel de horno antiadherente. Deje que se enfríe
un poco y corte formas con moldes para galletas.

en cinco minutos

salsa de chocolate facilísima

4 raciones
tiempo de preparación
  2 minutos
tiempo de cocción **3 minutos**

175 g de **leche evaporada**
100 g de **chocolate negro**
  troceado

Vierta la leche evaporada en una cacerola, añada el chocolate y caliente la mezcla a fuego lento durante 2-3 minutos; remueva hasta que el chocolate esté fundido.

Sirva inmediatamente la salsa con el postre que prefiera. Esta salsa combina especialmente bien con los helados.

Para preparar salsa fácil de chocolate con menta, utilice 100 g de chocolate negro con menta en lugar de chocolate negro normal. Pique seis hojas de menta fresca y añádalas a la mezcla de chocolate y leche evaporada. Caliente la mezcla a fuego lento; remueva hasta que el chocolate esté fundido.

queso fresco tibio con chocolate

6 raciones
tiempo de preparación **1 minuto**
tiempo de cocción **4 minutos**

300 g de **chocolate negro**
500 g de **queso fresco bajo
en grasa**
1 cucharadita de **extracto
de vainilla**

Funda el chocolate en un recipiente al baño María (*véase* pág.10) y retírelo del fuego.

Añada el queso fresco y el extracto de vainilla y remueva la mezcla vigorosamente.

Divida el queso fresco con chocolate en 6 pequeños tarros o vasitos y sírvalo inmediatamente.

Para preparar queso fresco tibio al capuchino, funda el chocolate negro con 2 cucharadas de café expreso. Divida la mezcla entre 6 tacitas de café y añada una cucharadita de queso fresco sin mezclar y una pizca de cacao en polvo a cada una.

cruasanes de chocolate y plátano

4 raciones
tiempo de preparación
  2 minutos
tiempo de cocción **3 minutos**

8 **cruasanes**
2 **plátanos** grandes cortados
  en rodajas
250 g de **chocolate con leche**,
  troceado

Corte los cruasanes por la mitad horizontalmente con un cuchillo de sierra. Coloque las bases en una bandeja de horno.

Coloque las rodajas de plátano sobre las bases de los cruasanes. Añada los trozos de chocolate y cubra los cruasanes con sus tapas.

Meta la bandeja en el horno precalentado, a 230 °C, hasta que los cruasanes estén calentitos y el chocolate blando.

Para hacer cruasanes de arándanos, manzana y chocolate blanco, prescinda de los plátanos y el chocolate con leche y corte una manzana en cuartos, sáquele el corazón y córtela en rodajas. Coloque las rodajas de manzana sobre las bases de los cruasanes y añada 100 g de chocolate blanco troceado. Encima del chocolate coloque 1 cucharadita de mermelada de arándanos. Cubra los cruasanes con las tapas y continúe como se indica en la receta.

crêpes bañados en chocolate

4 raciones
tiempo de preparación **1 minuto**
tiempo de cocción **4 minutos**

para los *crêpes*
125 g de **harina**
2 cucharadas de **azúcar**
   extrafino
1 **huevo**
300 ml de **leche**
mantequilla o **aceite vegetal**,
   para freír
50 g de **chocolate negro**
   cortado en onzas,
   para el relleno

para la **salsa**
100 g de **mantequilla**
100 g de **azúcar mascabado**
4 cucharadas de **vino fortificado**
   con chocolate, licor
   de chocolate u **oporto**

Tamice la harina en un cuenco y añada el azúcar. Luego agregue el huevo y un poco de leche, y bata la mezcla hasta obtener una masa firme. Añada el resto de la leche sin dejar de batir.

Caliente un poco de mantequilla o aceite en una sartén de 18 cm de diámetro hasta que empiece a humear. Retire el exceso de grasa y vierta un poco de masa en la sartén; ladee la sartén hasta la base esté cubierta por una fina capa de masa (o, si lo prefiere, utilice un cucharón pequeño para verter la masa en la sartén). Fría la masa durante 1 o 2 minutos, hasta que el reverso esté dorado.

Gire la *crêpe* con una espátula y fríala durante 30-45 segundos. Saque la *crêpe* de la sartén y fría el resto de *crêpes*; añada mantequilla o aceite cuando sea necesario. Déjelas reposar mientras prepara la salsa.

Derrita la mantequilla en una sartén con el azúcar mascabado y añada el vino fortificado, el licor o el oporto.

Reparta las onzas de chocolate en las *crêpes*, dóblelas por la mitad, luego en cuartos, y vuélvalas a poner en la sartén durante un par de minutos. Sirva cada *crêpe* bañada en salsa.

Para preparar *crêpes* de chocolate para niños, prepare cuatro *crêpes*, tal como se indica en la receta, y déjelas reposar. Prepare una salsa de manzana calentando 75 g de mantequilla y 75 g de azúcar mascabado en una sartén hasta que la mantequilla se derrita; luego añada 4 cucharadas de zumo de manzana. Rellene y caliente las *crêpes* como se indica en la receta, pero sustituya el chocolate negro por 50 g de chocolate con leche. Sirva las *crêpes* bañadas en la salsa de manzana.

palomitas con *toffee* y chocolate

4 raciones
tiempo de preparación **1 minuto**
tiempo de cocción **4 minutos**

50 g de **maíz para palomitas**
250 g de **mantequilla**
250 g de **azúcar mascabado claro**
2 cucharadas de **cacao en polvo**

Caliente el maíz en el microondas, dentro de un cuenco grande con tapa, durante 4 minutos a 900 watts. De forma alternativa, caliente el maíz en una cacerola con tapa en el fogón, a fuego medio, durante unos cuantos minutos, hasta que estalle.

Mientras, caliente la mantequilla, el azúcar mascabado y el cacao en polvo en una cacerola hasta que el azúcar se disuelva y la mantequilla esté derretida.

Añada las palomitas a la cacerola y remuévalas para que se mezclen con los demás ingredientes. Sirva las palomitas.

Para preparar palomitas con *toffee*, *marshmallow* y chocolate, prescinda del azúcar mascabado y el cacao en polvo. Caliente el maíz en el microondas como se indica en la receta, y caliente 150 g de caramelos de *toffee*, 125 g de mantequilla, 125 de *marshmallows* y 50 g de chocolate negro en una cacerola hasta que la mezcla se derrita. Sirva como se indica en la receta.

sándwich de *brioche* con chocolate

1 ración
tiempo de preparación **1 minuto**
tiempo de cocción **4 minutos**

2 rebanadas de **brioche**
1 cucharada **de crema
    de chocolate para untar**
    envasada o **crema de
    chocolate con leche
    y chocolate blanco casera**
    (*véase* pág.128)
15 g de **mantequilla**
2 cucharadas de **azúcar
    rubio granulado**

Unte una rebanada de *brioche* con crema de chocolate, y tápela con la otra rebanada.

Unte las caras exteriores del sándwich de chocolate con mantequilla y espolvoréelas con el azúcar.

Caliente una plancha, sartén o sandwichera, y cueza el *brioche* durante 3 minutos: dele la vuelta cuando esté dorado.

Para preparar un sándwich de *brioche* con cacahuetes y chocolate, unte una rebanada de *brioche* con 1 cucharada de crema de chocolate (utilice crema preparada o prepare usted mismo la crema de chocolate y avellanas como se indica en la pág. 128) y la otra rebanada con 1 cucharada de crema de cacahuete. Machaque un plátano, úntelo sobre la crema de cacahuete y junte las 2 rebanadas.

muesli con pepitas de chocolate

1 ración
tiempo de preparación
3 minutos
tiempo de cocción **2 minutos**

3 cucharadas de **copos
de avena**
1 cucharada de **avellanas**
1 cucharada de **pistachos**
1 cucharada de **semillas
variadas** (calabaza, cáñamo,
girasol, sésamo, lino)
2 cucharaditas de **aceite
de oliva suave**
2 cucharaditas de **miel líquida**

para **servir**
150 ml de **yogur de vainilla**
2 cucharadas de **granos
de granada**
2 cucharaditas de **pepitas
de chocolate negro**

Caliente una sartén antiadherente grande. Añada la avena, las avellanas, los pistachos, y las semillas y remueva durante 2 minutos.

Añada el aceite de oliva y la miel a la mezcla y remueva.

Vierta la mezcla en un cuenco y añada el yogur, la granada y las pepitas de chocolate para disfrutar de un delicioso desayuno.

Para preparar bolitas de muesli con pepitas de chocolate, mezcle 200 g de muesli en una cacerola con 4 cucharadas de semillas variadas, 3 cucharadas de aceite de oliva y 3 cucharadas de miel. Cueza en el horno precalentado, a 180 °C, durante 20 minutos. Deje enfriar y añada 3 cucharadas de pepitas de chocolate negro. Sirva las bolitas de muesli con yogur de vainilla. Para 4 personas.

chocolate caliente espumoso

1 ración
tiempo de preparación
2 minutos
tiempo de cocción **3 minutos**

1 cucharadita de **harina de maíz**
300 ml de **leche semidesnatada**
1 cucharadita de **azúcar rubio granulado**
4 onzas de **chocolate negro**
2 cucharadas del **licor**
que prefiera, como brandy, ron o vodka
1 cucharadita de **chocolate** (negro, con leche o blanco) rallado, para servir

Vierta la harina de maíz en una jarra y mézclela con 1 cucharada de leche para formar una pasta suave y homogénea. Añada 200 ml de leche, el azúcar, el chocolate y el licor.

Caliente la mezcla en el microondas a 900 watts durante 2 minutos o bien en una cacerola en el fogón. Vierta el chocolate caliente en una taza de cristal.

Caliente el resto de la leche y bátala vigorosamente para hacer espuma. Vierta la espuma de leche sobre el chocolate. Espolvoree un poco de chocolate rallado y sirva inmediatamente.

Para preparar chocolate caliente de fiesta, caliente 750 ml de leche entera hasta que hierva. Retire del fuego y añada 100 g de chocolate negro troceado, 50 g de azúcar extrafino, 125 g de *marshmallows* y una pizca de canela en polvo. Deje reposar mientras monta 125 ml de nata hasta que forme picos suaves. Vierta el chocolate en tazas, añada la nata con una cuchara y decore cada taza con 2 *marshmallows*. Sirva el chocolate en 4 tazas o en 2 tazones.

torrijas con chocolate y canela

2 raciones
tiempo de preparación
2 minutos
tiempo de cocción **3 minutos**

2 **huevos**, ligeramente batidos
2 rebanadas gruesas de **pan
integral multicereales**
cortadas por la mitad
15 g de **mantequilla**
2 cucharadas de **azúcar
rubio extrafino**
2 cucharaditas de **cacao
en polvo**
½ cucharadita de **canela
en polvo**

Ponga los huevos en un plato llano. Empape el pan en el huevo por los 2 lados.

Derrita la mantequilla en una cacerola de base gruesa y añada el pan bañado en huevo. Cueza durante 3 minutos; dele la vuelta al pan cuando sea necesario.

Mezcle el azúcar, el cacao en polvo y la canela en un plato y ponga el pan caliente encima; dele la vuelta para rebozarlo completamente. Sirva inmediatamente.

Para preparar pudin de pan con chocolate y canela,
prepare las torrijas de canela como se indica en la receta y colóquelas en una fuente para horno engrasada de 600 ml. Funda 50 g de chocolate negro en un recipiente al baño María, junto con 150 ml de leche y 5 cucharadas de nata líquida (*véase* pág.10). Añada al chocolate la mezcla de huevo sobrante de preparar las torrijas, y vierta la mezcla sobre el pan. Cueza en el horno precalentado durante 20 minutos a 180 °C, o hasta que tenga un aspecto firme.

placeres fríos

mousse de chocolate y naranja

10 raciones

tiempo de preparación
15 minutos, más tiempo
de enfriado

tiempo de cocción **5 minutos**

200 g de **chocolate negro**
3 **claras de huevos grandes**
150 g de **azúcar rubio extrafino**
275 ml de **nata para montar**
1 cáscara de **naranja** rallada
50 ml de **licor de naranja**
1 **naranja**, cortada en 10 gajos

Funda el chocolate en un recipiente al baño María
(*véase* pág. 10) y retírelo del fuego.

Bata las claras de huevo en un cuenco limpio hasta que
empiecen a formar picos. Añada el azúcar, cucharada
a cucharada, sin dejar de batir, hasta obtener una mezcla
suave y brillante.

Monte la nata en otro cuenco junto a la corteza de naranja,
hasta que empiece a formar picos suaves (tenga cuidado de no
batir la nata demasiado, o se cuajará). Añada el licor de naranja.

Vierta el chocolate fundido sobre la nata y mezcle rápidamente.
Añada, sin dejar de mezclar, 1 cucharada de la clara
de huevo para que se suavice, y siga vertiendo el resto de
la clara de huevo de forma gradual. Mezcle suavemente
hasta que la clara esté incorporada del todo.

Reparta la *mousse* de chocolate en 10 tazas de café
o en 10 cuencos pequeños y deje que se enfríe en la nevera
durante 1 hora. Sirva cada *mousse* con un gajo de naranja.

Para preparar *mousse* de chocolate clásica, sustituya
el licor de naranja por 50 ml de vodka, kirsch, brandy, whisky
o licor Southern Comfort y prescinda de la cáscara de naranja
y los gajos de naranja. Siga, como se indica en la receta, con
el resto de ingredientes. Sirva la *mousse* con una galleta fina,
como una lengua de gato o un barquillo.

tarta de filigrana de chocolate

10 raciones

tiempo de preparación
30 minutos, más tiempo
de enfriado

tiempo de cocción
20-25 minutos

3 huevos
75 g de **azúcar rubio extrafino**
50 g de **harina**
25 g de **cacao en polvo**

para el **relleno**
2 cucharaditas de **gelatina en polvo**
3 cucharadas de **agua fría**
200 g de **chocolate negro**
500 g de **queso mascarpone** a temperatura ambiente
75 g de **azúcar extrafino**
1 cucharadita de **esencia de vainilla**
200 g de **yogur griego**
4 cucharadas de **agua caliente**

Bata los huevos y el azúcar en un cuenco sobre una cacerola de agua caliente hasta que formen una masa espesa. Retírela del fuego y bata 2 minutos más. Tamice la harina y el cacao en polvo sobre el huevo, y mezcle. Vierta la mezcla en el molde.

Engrase y forre con papel de horno un molde desmontable o un molde con aro de resorte de 23 cm. Cueza la masa en el horno precalentado, a 190 °C, durante 15 minutos, hasta que esté firme. Deje enfriar sobre una rejilla.

Espolvoree la gelatina sobre el agua y déjela reposar durante 5 minutos. Corte el bizcocho por la mitad horizontalmente y ponga una mitad en el molde. Meta el cuenco de gelatina en una cacerola con agua caliente hasta que se derrita.

Funda 175 g de chocolate en una cacerola al baño María (*véase* pág. 10). Bata el mascarpone en un cuenco con el azúcar, la esencia de vainilla, el yogur y el agua caliente. Sin dejar de batir, vierta gradualmente la gelatina en esta mezcla. Divídala en dos mitades, pase una a otro cuenco y mézclela con el chocolate. Vierta la mezcla de chocolate en el molde. Cubra con la otra mitad de bizcocho y con el resto del mascarpone. Nivele la superficie y enfríe durante varias horas.

Ponga la tarta en una fuente para servir. Retire el papel de horno. Funda el resto del chocolate y rocíelo sobre la tarta. Guárdela en la nevera hasta el momento de servirla.

Para preparar tarta de queso con mascarpone y chocolate, pique 250 g de galletas *digestive* de chocolate en una batidora y añada 100 g de mantequilla derretida. Coloque la mezcla en la base del molde preparado, cubra con el chocolate fundido, y con el relleno de mascarpone. Enfríe y decore como se indica en la receta.

porciones de *rocky road*

12 raciones
tiempo de preparación
  10 minutos, más tiempo
  de enfriado
tiempo de cocción **10 minutos**

225 g de **mantequilla**
3 cucharadas de **melaza
  de caña** («golden syrup»)
50 g de **cacao en polvo**
125 g de **galletas** *digestive*
  troceadas
200 g de *marshmallows*
  cortados en 4 trozos
75 g de **Maltesers** troceados
200 g de **chocolate con leche**
200 g de **chocolate negro**
4 cucharadas de **canutillos
  de chocolate**

Derrita la mantequilla con la melaza de caña y el cacao en polvo en un recipiente sobre una cacerola de agua hirviendo. Añada las galletas, los *marshmallows* y los Maltesers a la mezcla.

Engrase un molde de 25 × 18 cm. Enfríe la mezcla en el molde preparado durante 15 minutos.

Funda el chocolate negro junto al chocolate con leche en un recipiente al baño María (*véase* pág. 10). Retire del fuego. Vierta el chocolate sobre la mezcla fría y espolvoree los canutillos de chocolate.

Ponga a enfriar durante 20 minutos, y corte en cubos o rebanadas.

Para preparar porciones de *rocky road* de chocolate y jengibre, funda 75 g de chocolate negro con 125 g de chocolate con leche y 175 g de mantequilla. Cuando la mezcla esté fundida, añada 2 cucharadas de melaza de caña, 125 g de galletas de jengibre troceadas, 75 g de avellanas tostadas y troceadas, 75 g de pasas y 75 g de chocolatinas de chocolate y frutos secos. Mezcle bien y vierta la mezcla en un molde de 500 g con papel de horno. Ponga a enfriar, como se indica en la receta, antes de cortar para servir.

vasitos de chocolate
y naranja con virutas

6 raciones
tiempo de preparación
40 minutos, más tiempo
de enfriado y helado
tiempo de cocción **5 minutos**

para los **vasitos**
225 g de **chocolate negro**

para el **relleno**
200 g de **crema de queso
entera**
150 ml de **nata para montar**
150 g de **yogur natural**
3 cucharadas de **azúcar
extrafino**
la ralladura y el zumo
de 1 **naranja**
3 cucharadas de **licor
de naranja** (opcional)
4 **barritas de chocolate** *flaky*
1 **cáscara de naranja confitada**,
para decorar

Cubra una bandeja de horno con papel antiadherente. Corte 6 tiras de papel de horno antiadherente, de 30 × 5 cm. Coloque las tiras dentro de moldes, para pastas o galletas, de 6 cm de diámetro y éstos sobre la bandeja de horno.

Funda el chocolate en una cacerola al baño María (*véase* pág. 10). Con una cuchara, ponga un poco de chocolate fundido en el molde, y cúbralo con el papel para hacer un vasito. Retire el molde con cuidado y prepare 5 vasitos más. Póngalos a enfriar hasta que el chocolate se endurezca.

Bata la crema de queso en un cuenco para suavizarla. Sin dejar de batir, añada la nata, el yogur, el azúcar, la ralladura y el zumo de naranja y el licor, si lo utiliza. Corte una barrita de chocolate *flaky* longitudinalmente y reserve las mejores partes para decorar. Desmenuce el resto de la barrita y las 3 barritas restantes y añada los trocitos a la mezcla cremosa.

Ponga la mezcla en los vasitos con una cuchara y meta los vasitos en el congelador durante al menos 3 horas. Retire con cuidado las tiras de papel y ponga los vasitos en la nevera durante 1 hora antes de servirlos. Como alternativa, puede congelar los vasitos. Sírvalos decorados con fragmentos de la barrita de chocolate *flaky* y tiras de cáscara de naranja confitada.

Para preparar vasitos rápidos de tarta de queso con limón, utilice 6 vasitos de chocolate o moldes para magdalena de chocolate preparados. Prepare el relleno como se indica en la receta, pero sustituya la ralladura, el zumo y el licor de naranja por 5 cucharadas de cuajada de limón. Decore con tiras de cáscara de limón confitada en lugar de naranja confitada.

crema quemada con chocolate

6 raciones
tiempo de preparación
15 minutos, más tiempo
de enfriado
tiempo de cocción **5 minutos**

575 ml de **nata para montar**
1 **vaina de vainilla** partida
longitudinalmente por la mitad
150 g de **chocolate negro**,
troceado
6 **yemas de huevo**
25 g de **azúcar rubio extrafino**
1 cucharada de **azúcar
avainillado**
4 cucharadas de **brandy**
6 cucharadas de **nata cuajada**
50 g de **azúcar moreno
mascabado oscuro**

Caliente la nata para montar a fuego lento junto con la vaina de vainilla, hasta que hierva. Retire del fuego la vainilla y añada el chocolate. Remueva hasta que se funda.

Bata las yemas de huevo con el azúcar moreno extrafino, el azúcar avainillado y el brandy hasta obtener una pasta densa, espumosa y pálida. Añada gradualmente el chocolate y bata la mezcla virtiéndola en una cacerola. Caliente la mezcla a fuego lento, sin dejar de remover, hasta obtener una pasta densa y homogénea.

Llene 6 tazas de café antitérmicas con la crema de chocolate; póngalas a enfriar durante al menos 2 horas. Añada 1 cucharada de nata cuajada a cada taza. Espolvoree con el azúcar mascabado oscuro y utilice un soplete de cocina para caramelizar el azúcar.

Para preparar crema quemada de chocolate y frutos del bosque, descongele un paquete de 500 g de frutos del bosque y reparta los frutos entre 6 vasitos o tazas de café antitérmicas. Espolvoree 1 cucharada de azúcar rubio extrafino sobre cada taza y añada 2 cucharadas de crema de arándanos a cada taza. Ponga a enfriar y acabe la receta como se indica.

porciones de chocolate

12 raciones
tiempo de preparación
15 minutos, más tiempo
de enfriado
tiempo de cocción **3 minutos**

225 g de **mantequilla**
3 cucharadas de **miel líquida**
3 cucharadas de **cacao en polvo**
300 g de **galletas de
mantequilla** troceadas
100 g de **chocolate blanco**
12 **botones de chocolate
blanco**

Caliente la mantequilla, la miel líquida y el cacao en polvo en una cacerola hasta que la mezcla esté derretida. Añada las galletas troceadas y remueva hasta que las galletas estén cubiertas de chocolate.

Vierta la mezcla en un molde redondo de 18 cm. Póngala a enfriar durante al menos 30 minutos.

Funda el chocolate blanco en un recipiente al baño María (*véase* pág. 10). Cubra la base de chocolate y galletas con el chocolate blanco. Coloque los botones de chocolate blanco encima.

Ponga a enfriar la tarta durante al menos 30 minutos y córtela en 12 porciones.

Para preparar porciones de chocolate con *cookies* y crema, sustituya las galletas de mantequilla por 200 g de galletas con crema y 100 g de *cookies* con pepitas de chocolate troceadas. Continúe la receta como se indica.

trifle de chocolate y arándanos

8 raciones
tiempo de preparación
30 minutos, más tiempo
de reposo y enfriado
tiempo de cocción **15 minutos**

150 g de **galletas** *cantuccini*
de chocolate, troceadas
100 ml de **jerez dulce**
275 g de **mermelada de**
arándanos sin azúcar añadido
600 ml de **leche entera**
1 **vaina de vainilla**
6 **yemas de huevos** grandes
2 cucharadas de **azúcar rubio**
extrafino
3 cucharadas de **harina de maíz**

para la **cobertura**
275 ml de **nata para montar**
250 g de **crema fresca**
1 cucharadita de **extracto**
de vainilla
1 cucharadas de **azúcar**
rubio extrafino

para la **decoración**
8 **galletas** *cantuccini* de
chocolate, desmenuzadas
1 cucharada de **grageas**

Coloque las galletas *cantuccini* desmenuzadas en un cuenco o vasito para servir; reserve unas migas para decorar. Añada el jerez y luego la mermelada.

Vierta la leche en una cacerola. Haga un corte longitudinal a la vaina de vainilla y añada las semillas y la vaina por separado a la leche. Lleve a ebullición. Apague el fuego y deje enfriar 5 minutos.

Bata las yemas de huevo, el azúcar y la harina de maíz. Retire la vaina de vainilla y añada la leche tibia a los huevos. Bata. Vierta la mezcla en la cacerola. Caliente a fuego lento, sin dejar de remover, durante 2-3 minutos o hasta que la mezcla se espese. Viértala sobre la capa de mermelada. Póngala a enfriar hasta que tenga un aspecto firme.

Monte la nata hasta que forme picos suaves y mézclela con la crema fresca, el extracto de vainilla y el azúcar. Esparza la nata sobre la capa de crema y añada unas cucharadas más para decorar. Espolvoree con las migas de galletas *cantuccini* restantes y con las grageas.

Para preparar *trifle* de chocolate y frutos del bosque, descongele 500 g de frutos del bosque y caliéntelos durante 2 minutos en una cacerola junto a 4 cucharadas de crema de arándanos, 2 cucharadas de agua y 50 g de azúcar. Retire los frutos con una espumadera y colóquelos sobre las galletas *cantuccini*, el jerez y la mermelada en un cuenco o vasito para servir. Mezcle 1 cucharada de arruruz con 2 cucharadas de agua fría y añada la mezcla al líquido sobrante de las frutas en la cacerola. Caliente la mezcla, remueva hasta obtener una salsa espesa, y viértala sobre los frutos. Prepare la crema de vainilla y siga como se indica en la receta.

pastel de café irlandés sin cocción

8 raciones
tiempo de preparación
30 minutos, más tiempo
de enfriado
tiempo de cocción **10 minutos**

2 cucharadas de **café
instantáneo granulado**
100 ml de **agua caliente**
50 g **de azúcar extrafino**
3 cucharadas de **whisky
irlandés**
300 g de **chocolate negro**,
troceado
300 ml de **nata para montar**
200 g de **yogur griego**
200 g de **bizcochos de soletilla**

para la **decoración**
**virutas de chocolate negro
o chocolate con leche**
(*véase* pág. 12)
cacao en polvo

Disuelva el café granulado en el agua caliente en una cacerola. Añada el azúcar y caliente a fuego lento hasta que el azúcar se disuelva. Lleve el café a ebullición y deje que hierva a fuego fuerte durante 1 minuto. Retírelo del fuego y déjelo enfriar. Añada el whisky.

Funda el chocolate con la mitad de la nata en un recipiente al baño María (*véase* pág. 10). Retírelo del fuego y añada el yogur y el resto de la nata. Remueva y deje que se espese ligeramente.

Esparza una fina capa de la mezcla de chocolate en un plato llano en forma de rectángulo de 23 × 10 cm. Moje $^1/_3$ de los bizcochos en el jarabe de café para que se reblandezcan, pero sin quedar empapados.

Coloque los bizcochos mojados en fila sobre el chocolate y úntelos con otra capa de mezcla de chocolate. Moje la mitad de los bizcochos restantes en el jarabe de café y distribúyalos de la misma forma sobre el chocolate. Añada otra capa de chocolate y cubra el conjunto con el resto de bizcochos mojados en café.

Reparta el resto del chocolate encima de los bizcochos y por los lados del pastel, de forma que quede completamente cubierto; alise la superficie con un cuchillo. Póngalo a enfriar durante 3 o 4 horas, hasta que se endurezca. Decore con las virutas de chocolate y espolvoree cacao en polvo por encima.

Para preparar pastel de capuchino sin cocción, sustituya el whisky irlandés por 3 cucharadas de Kahlúa y utilice 300 g de chocolate blanco en lugar del chocolate negro. Cree un rectángulo de chocolate como se indica arriba, cúbralo con los bizcochos mojados, espolvoree con 25 g de chocolate con leche rallado y siga creando capas. Ponga a enfriar el pastel y acábelo como se indica en la receta.

tartaletas sedosas de chocolate

8 raciones
tiempo de preparación
10 minutos, más tiempo
de enfriado
tiempo de cocción **5 minutos**

225 g de **chocolate negro**
300 ml de **nata para montar**
8 **bases de tartaleta con**
mantequilla de unos 7 cm
de diámetro
2 cucharadas de **cacao en polvo**
(opcional)
200 g de **frambuesas** frescas
virutas de chocolate negro
(*véase* pág. 12)

Funda el chocolate en un recipiente al baño María
(*véase* pág. 10). Caliente la nata a fuego lento y añádala
al chocolate caliente.

Coloque las bases de tartaleta sobre una bandeja. Vierta
la crema de chocolate y póngalas a enfriar durante 1 hora.

Coloque frambuesas sobre las tartaletas, espolvoree el cacao
en polvo (opcional) y decore cada tartaleta con un par de
virutas de chocolate.

Para preparar tartaletas de chocolate y fresa, utilice
225 g de chocolate con leche en lugar del chocolate negro
y cubra las tartaletas con 200 g de fresas frescas cortadas
a rodajas. Espolvoree 1 cucharada de azúcar rubio extrafino
en lugar del cacao en polvo.

tarta de queso de tiramisú

8-10 raciones
tiempo de preparación
 20-25 minutos, más tiempo
 de enfriado
tiempo de cocción **50 minutos**

20 **bizcochos blandos**
175 g de **chocolate negro**
750 g de **queso mascarpone**
150 g de **azúcar rubio extrafino**
3 **huevos** con las claras
 y las yemas separadas
40 g de **harina blanca**
3 cucharadas de **grapa**
1 cucharadita de **extracto**
 de vainilla
2 cucharadas de **café expreso**
 muy fuerte
2 cucharadas de **licor de café**

para la **decoración**
virutas de chocolate negro y de
 chocolate blanco y con leche
 marmolado (*véase* pág. 12)
2 cucharadas de **azúcar lustre**
 rubio tamizado

Forre un molde desmontable de 23 cm con papel de horno.
Coloque los bizcochos sobre la base.

Funda el chocolate en un recipiente al baño María (*véase* pág. 10).

Mezcle el mascarpone, el azúcar y las yemas de huevo en
un robot de cocina o una batidora hasta obtener una masa
homogénea. Ponga $^1/_3$ de la mezcla en otro recipiente, añada la
harina, la grapa y el extracto de vainilla y mezcle bien. Añada el
chocolate fundido, el café expreso y el licor de café a la mezcla
de mascarpone de la batidora y bata para homogeneizarla.
Póngala en un cuenco grande.

Bata las claras de huevo en un cuenco limpio hasta que formen
picos suaves. Añada $^2/_3$ de las claras montadas a la mezcla de
chocolate y $^1/_3$ a la mezcla blanca. Vierta la mezcla de chocolate
en el molde, sobre los bizcochos. Vierta la mezcla de mascarpone
y chocolate encima y, finalmente, añada la mezcla blanca con
una cuchara hasta cubrir la capa de chocolate.

Cueza la tarta en el horno precalentado, a 200 °C, durante
45 minutos. Apague el horno y deje la puerta entreabierta
para que la tarta se enfríe dentro del horno.

Póngala a enfriar durante 3 horas en la nevera. Decórela con
las virutas de chocolate, espolvoree azúcar lustre y sírvala.

Para preparar tarta de queso fácil con chocolate, plátano y
vainilla, utilice una base para tartas en lugar de los bizcochos.
Mezcle el mascarpone, el azúcar y las yemas y añada la
harina, 100 ml de leche, 1 cucharada de extracto de vainilla,
el chocolate fundido y dos plátanos grandes machacados.
Prescinda de la grapa, el café y el licor. Cueza la tarta tal como
se indica en la receta, y decore con 75 g de chips de plátano.

trifle de chocolate blanco y frutos del bosque

8 raciones
tiempo de preparación
40 minutos, más tiempo
de enfriado
tiempo de cocción **15 minutos**

1 kg de **frutos del bosque
congelados**
100 g de **azúcar rubio extrafino**
2 cucharaditas de **arruruz**
225 g de **galletas de ratafía**, y
8 más, troceadas, para decorar
5 cucharadas de **vermut rojo**
275 ml de **nata para montar**
200 g de **chocolate blanco
con vainilla**
500 g de **crema pastelera**
envasada, a temperatura
ambiente
500 ml de **yogur griego**
2 cucharadas de **azúcar
mascabado claro**

Caliente los frutos del bosque a fuego lento en una cacerola con el azúcar rubio durante unos 5 minutos, hasta que el azúcar se disuelva y los frutos se descongelen.

Cuele los frutos en un colador y vuelva a poner el líquido resultante en una cacerola. Caliéntelo a fuego lento. Mezcle el arruruz con 1 cucharada de agua fría para crear una pasta homogénea; añádalo al líquido caliente y remueva hasta obtener una pasta espesa y homogénea.

Coloque las galletas de ratafía en la base de un recipiente de cristal grande o en copas o vasos individuales. Añada el vermut sobre las galletas. Coloque los frutos con la ayuda de una cuchara y vierta el líquido espesado encima.

Monte la nata ligeramente y reserve la mitad en la nevera. Funda el chocolate blanco en un recipiente al baño María (*véase* pág. 10). Añádale la mitad de la crema pastelera y mezcle bien. Retírelo del fuego, añada el resto de la crema y mezcle con la nata montada. Coloque la crema obtenida sobre los frutos. Póngala a enfriar durante 1 hora.

Mezcle el yogur con el azúcar mascabado y la nata fría. Añada la mezcla a las copas, encima de la crema, alise la superficie y espolvoree los trocitos de galleta de ratafía.

Para preparar *trifle* de frutas tropicales, sustituya los frutos del bosque congelados por 2 bolsas de 500 g de frutas tropicales congeladas y proceda tal como se indica en la receta. Sustituya el vermut rojo por 5 cucharadas de vino blanco dulce y viértalo sobre las galletas de ratafía. Llene las copas con la crema de chocolate blanco y termine añadiendo la nata como se indica anteriormente.

bavarois de café y chocolate

10 raciones
tiempo de preparación
45 minutos, más tiempo
de enfriado y congelado
tiempo de cocción **10 minutos**

1 l de **nata líquida**
150 g de **chocolate negro**
  troceado
2 cucharaditas de **harina**
  de maíz
150 g de **azúcar rubio extrafino**
8 **yemas de huevo**
25 g de **gelatina en polvo**
1 cucharada de **café expreso**
  muy fuerte
4 cucharadas de **licor de café**

Forre un molde cuadrado de 1 kg con papel de horno y póngalo en el congelador.

Caliente la mitad de la nata líquida a fuego lento; añada el chocolate y remueva hasta que se funda. Retire la cacerola.

Ponga la mitad de la harina de maíz, la mitad del azúcar y 4 yemas de huevo en un cuenco. Ponga el resto de la harina, el azúcar y las yemas en otro cuenco. Remueva los ingredientes y añada el chocolate con nata sin dejar de remover. Vuelva a poner la mezcla de chocolate en la cacerola, caliente a fuego lento y remueva hasta obtener una mezcla homogénea y espesa. Añada la mitad de la gelatina en polvo, mézclela bien con el chocolate y vierta la mezcla en una jarra.

Vierta la mitad de la crema de chocolate en la base del molde forrado. Meta el molde en el congelador, sin tapar, 45 minutos. Ponga el resto de la crema, el café expreso y el licor de café en una cacerola y caliente la mezcla a fuego lento. Añada esta mezcla a la pasta del segundo cuenco, remueva y vierta el conjunto en la cacerola y caliéntelo. Añada el resto de la gelatina y remueva. Retire la mezcla del fuego y échela en una jarra.

Vierta la mitad de la crema de café sobre la crema de chocolate fría y vuelva a congelar durante 30 minutos. Vierta el resto de la crema de chocolate y congele durante 20 minutos, hasta que empiece a endurecerse, y finalmente vierta la última capa de crema de café. Ponga a enfriar durante 4 horas.

Para preparar bavarois de chocolate, naranja y *amaretti*, espolvoree 75 g de *amaretti* troceados en el molde antes de congelar. Sustituya el café por 1 cucharada de zumo de naranja y 2 cucharadas de ralladura de naranja. Utilice licor de naranja en lugar de licor de café.

crema quemada a los tres chocolates

6 raciones
tiempo de preparación
30 minutos, más tiempo
de enfriado y congelado
tiempo de cocción **5 minutos**

8 yemas de huevo
150 g de **azúcar moreno
extrafino**
600 ml de **nata para montar**
125 g de **chocolate negro**
cortado en pedazos pequeños
125 g de **chocolate blanco**
cortado en pedazos pequeños
125 g de **chocolate con leche**
cortado en pedazos pequeños
3 cucharadas de **Amaretto
di Sarono** o **brandy** (opcional)

para la **decoración**
azúcar rubio extrafino
para espolvorear
**virutas de chocolate negro,
blanco y con leche**
(*véase* pág. 12, opcional)

Mezcle las yemas de huevo y la mitad del azúcar en un cuenco, con un tenedor. Vierta la nata en una cacerola y caliente hasta que esté a punto de hervir; viértala en las yemas de huevo y bata la mezcla hasta obtener una crema.

Cuele la crema dentro de una jarra y divídala en 3 cuencos. Mezcle cada tipo de chocolate en un cuenco, y añada 1 cucharada de licor. Remueva hasta que el chocolate esté fundido.

Divida la crema de chocolate negro entre 6 terrinas. Cuando se haya enfriado, póngalas en el congelador y déjelas durante 10 minutos, hasta que el chocolate se endurezca.

Retírelas del congelador. Añada la crema de chocolate blanco sobre la capa de chocolate negro en las terrinas. Vuelva a ponerlas en el congelador durante 10 minutos.

Sáquelas del congelador. Remueva la crema de chocolate con leche y añádala a las terrinas. Póngala a enfriar en la nevera durante 3-4 horas, hasta que se endurezca. Unos 25 minutos antes de servir, espolvoree las terrinas con el resto del azúcar y caramelice con un soplete de cocina o bajo el grill del horno. Deje reposar a temperatura ambiente y decore las terrinas con virutas de chocolate blanco.

Para preparar crema rápida a los tres chocolates, prescinda de las yemas de huevo, la nata y el Amaretto o brandy. Mezcle 600 ml de yogur griego, 200 ml de crema fresca y 1 cucharadita de extracto de vainilla, y añada el azúcar rubio extrafino. Divida la mezcla en 3 cuencos y mezcle cada parte con un tipo de chocolate. Vierta las 3 mezclas en las terrinas por capas y deje que se enfríen en la nevera durante 30 minutos antes de servir.

tarta de queso con chocolate

14 raciones
tiempo de preparación
45 minutos, más tiempo
de enfriado
tiempo de cocción **50 minutos**

225 g de **galletas** *digestive*
troceadas
65 g de **mantequilla** derretida
225 g de **chocolate negro**
225 de **chocolate blanco**
350 g de **crema de queso**
500 g de **queso fresco**
175 g de **azúcar rubio extrafino**
3 **huevos**

Engrase y forre la base de un molde desmontable
de 23 cm. Mezcle las migas de galleta con la mantequilla
y forme una base en el molde con la mezcla.

Funda el chocolate negro y el chocolate blanco en recipientes
separados al baño María (*véase* pág. 10).

Mezcle la crema de queso, el queso fresco, el azúcar
y los huevos en un robot de cocina hasta obtener una masa
homogénea. Divida la masa en dos y mezcle una mitad con
el chocolate negro y la otra con el chocolate blanco; remueva
hasta obtener masas homogéneas. Con una cuchara, añada
la mitad de la mezcla de chocolate blanco a la base de galleta,
agregue el chocolate negro y termine con el resto del chocolate
blanco. Con la ayuda de un pincho, cree una superficie
marmolada con el chocolate negro y el chocolate blanco.

Cueza la tarta en el horno precalentado, a 160 °C, durante
50 minutos, hasta que suba ligeramente y esté firme al tacto.
Deje reposar la tarta y póngala a enfriar a la nevera.

Para preparar tarta de queso con chocolate y frambuesas,
utilice galletas *digestive* de chocolate y sustituya los dos
tipos de chocolate por 450 g de chocolate negro. Funda
el chocolate con 50 g de mantequilla y añada 2 cucharadas
de cacao en polvo. Combine 500 g de crema de queso,
200 g de azúcar rubio extrafino y 3 huevos grandes y mezcle
estos ingredientes con el chocolate fundido. Añada 600 ml
de crema agria a la mezcla. Cueza la tarta, déjela reposar
y póngala a enfriar en la nevera tal como se indica en la
receta. Decórela con 250 g de frambuesas.

panna cotta borracha con chocolate

2 raciones
tiempo de preparación
   10 minutos, más tiempo
   de enfriado
tiempo de cocción **5 minutos**

125 ml de **nata para montar**
150 ml de **leche**
3 cucharadas de **azúcar**
   mascabado claro
50 ml de **licor de chocolate**
40 g de **chocolate negro**
   troceado
1 ½ cucharadita de **gelatina**
   en polvo
1 cucharadita de **extracto**
   de vainilla
4 **botones de chocolate blanco**

Caliente 100 ml de nata en una cacerola pequeña con la leche, el azúcar, 1 cucharada de licor de chocolate y el chocolate negro; remueva lentamente hasta que el chocolate se funda. Lleve a ebullición.

Retire la cacerola del fuego, añada la gelatina y deje reposar durante 5 minutos. Remueva, añada el extracto de vainilla y mezcle. Cuele la mezcla dentro de una jarra.

Engrase y forre con film transparente 2 moldes para flan de 150 ml. Vierta la mezcla en los moldes y déjelos enfriar durante 2 horas.

Vacíe los moldes en platos llanos y retire el film transparente. Mezcle la nata y el licor de chocolate restantes y añada la salsa a la *panna cotta*. Decore con un botón de chocolate blanco sobre cada *panna cotta*.

Para preparar *panna cotta* de chocolate blanco y miel, utilice 1 cucharada de azúcar rubio extrafino y 2 cucharadas de miel en lugar del azúcar mascabado claro. Sustituya el chocolate negro por 75 g de chocolate blanco. Proceda tal como se indica en la receta, y sirva las *panna cottas* con un chorrito de licor de chocolate por encima y un botón de chocolate negro sobre cada una.

pirámide en porciones

10 raciones

tiempo de preparación
   20 minutos, más tiempo
   de enfriado y endurecido
tiempo de cocción **10 minutos**

300 g de **chocolate
   con leche** troceado
100 ml de **leche evaporada**
175 g de **galletas** *digestive*
   cortadas en pedazos pequeños
125 g de **dátiles**, **ciruelas pasas**
   u **orejones** sin hueso,
   troceados
100 g de **frutos secos** variados
   troceados
50 g de **chocolate negro**

Caliente el chocolate con leche a fuego lento en una cacerola de base gruesa con la leche evaporada; remueva frecuentemente hasta que el chocolate esté fundido. Retírelo del fuego y ponga la mezcla en un cuenco. Déjela reposar hasta que se enfríe, pero no deje que se endurezca. Añada las galletas, la fruta y los frutos secos y mezcle.

Engrase la base y 3 de los lados de un molde cuadrado hondo de 18 cm y fórrelo con film transparente. Apoye el molde sobre un lado de forma que se aguante en un ángulo de 45° y el lado no forrado quede en la parte de arriba. Vierta la mezcla en el molde con una cuchara y alise la superficie. Déjela reposar hasta que la masa esté firme y ponga el molde a enfriar en la nevera para que se endurezca del todo. Saque el pastel del molde y retire el film transparente.

Funda el chocolate negro (*véase* pág. 10). Con la ayuda de una cucharilla, trace líneas de chocolate fundido sobre el pastel. Déjelo reposar y sírvalo en porciones finas.

Para preparar barritas de nevera, sustituya las galletas *digestive* por 175 g de galletas de mantequilla troceadas y utilice 125 g de frutos rojos secos y 100 g de galletas de ratafía troceadas en lugar de las frutas y los frutos secos. Forre un molde cuadrado de 1 kg con film transparente y siga las instrucciones que se indican en la receta. Para decorar, funda 50 g de chocolate blanco y rocíelo sobre los lados del pastel.

pastel de helado de chocolate

8 raciones
tiempo de preparación
   15 minutos, más tiempo
   de congelado
tiempo de cocción **5 minutos**

500 m de **helado de chocolate**
   de buena calidad
75 g de **mantequilla**
200 g **galletas** *digestive*
   de chocolate negro troceadas
2 **plátanos** grandes cortados
   en rodajas
1 cucharada de **jugo de limón**
1 **barrita grande de chocolate**
   y caramelo cortada en rodajas

Saque el helado del congelador para que se ablande. Engrase y forre la base de un molde rizado desmontable de 20 cm.

Derrita la mantequilla en una cacerola. Mézclela con las galletas troceadas y presione la mezcla en la base del molde preparado.

Meta el plátano cortado dentro de un recipiente con el jugo de limón y distribúyalo sobre la base de galleta.

Reparta el helado sobre los plátanos con la ayuda de una espátula hasta que la base esté cubierta por completo.

Reparta los trozos de la barrita de chocolate por encima del helado. Ponga a congelar el pastel durante al menos 1 hora antes de servir.

Para preparar pastel de helado de caramelo y plátano, utilice 200 g de galletas *digestive* normales en lugar de las galletas de chocolate y cúbralas con 400 g de dulce de leche. Añada los plátanos con el jugo de limón y termine tal como se indica en la receta; utilice 500 ml de helado de caramelo de buena calidad en lugar del helado de chocolate.

postres
calientes

coulant de café

10 raciones
tiempo de preparación
15 minutos
tiempo de cocción **20 minutos**

200 g de **chocolate negro**
250 g de **mantequilla**
4 cucharadas de **licor de café**
1 cucharada de **café expreso**
   muy fuerte
4 **huevos** grandes
2 **yemas de huevo** grandes
125 g de **azúcar rubio extrafino**
65 g de **harina integral** tamizada
2 cucharadas de **azúcar lustre**
   rubio, para espolvorear

Funda el chocolate con la mantequilla al baño María (*véase* pág. 10). Retire la cacerola del fuego cuando el chocolate esté fundido y añada el licor de café y el café expreso; remueva hasta que la mezcla tenga un aspecto brillante.

Bata los huevos, las yemas de huevo y el azúcar durante unos 10 minutos, hasta obtener una mezcla pálida, espesa, espumosa y que doble el volumen de la mezcla original. Vierta la mezcla de chocolate sobre los huevos batidos y añada la harina y el salvado que haya podido quedar en el tamiz. Mezcle todos los ingredientes suavemente.

Engrase 10 vasitos o terrinas antitérmicos de 150 ml. Transfiera la mezcla a los vasitos con un cucharón y colóquelos sobre una bandeja de horno (se pueden conservar en la nevera durante varias horas antes de meterlos en el horno). Cuézalos en el horno precalentado, a 200 °C, durante 10-12 minutos, hasta que los bordes estén crujientes y el centro cremoso.

Espolvoree los *coulants* con el azúcar lustre y sirva inmediatamente (cuanto más tiempo los deje reposar antes de servirlos, más se endurecerá el centro).

Para preparar *coulants* de chocolate y naranja, utilice 200 g de chocolate con naranja en lugar de chocolate negro y 4 cucharadas de licor de naranja en lugar del licor de café. Sustituya el café expreso por 4 cucharadas de zumo de naranja y 2 cucharadas de ralladura de naranja. Prepare el *coulant* tal como se indica en la receta.

pudin de cruasán con chocolate

3 raciones
tiempo de preparación
15 minutos
tiempo de cocción **15 minutos**

2 cucharadas de **cacao en polvo**
3 cucharadas de **azúcar lustre**
100 ml de **leche**
500 g de **crema pastelera**
(envasada)
3 **cruasanes** grandes
6 cucharadas de **crema**
de chocolate para untar
(envasada) o **crema**
de chocolate y avellanas
para untar (*véase* pág. 128)

Mezcle el cacao en polvo con 2 cucharadas de azúcar lustre
en una jarra y añada la leche gradualmente para obtener
una pasta uniforme. Añada lentamente la crema pastelera
sin dejar de remover hasta obtener una masa homogénea.

Corte los cruasanes por la mitad horizontalmente y unte
los lados cortados con la crema de chocolate. Vuelva
a juntar las mitades y coloque los cruasanes en una fuente
para horno llana.

Vierta la crema de chocolate alrededor de los cruasanes
e introduzca la fuente en el horno precalentado, a 200 °C,
durante 15 minutos. Espolvoree con el azúcar lustre tamizado
restante para servir.

Para preparar pudin de panettone con chocolate, elabore
la crema de chocolate tal como se indica en la receta y añada
2 cucharadas de brandy y la ralladura fina de un limón. Unte
6 rebanadas de panettone con 25 g de mantequilla. Coloque
las rebanadas en una fuente para horno, vierta la crema
de chocolate por encima y hornee tal como se indica
en la receta. Espolvoree con azúcar lustre para servir.

risotto de chocolate

4 raciones
tiempo de preparación
5 minutos
tiempo de cocción **20 minutos**

600 ml de **leche**
25 g de **azúcar rubio extrafino**
50 g de **mantequilla**
125 g de **arroz arborio**
o **carnaroli**
50 g de **avellanas**, tostadas
y troceadas
50 g de **pasas sultanas**
125 g de **chocolate negro**
de buena calidad, y un poco
más para decorar
brandy (opcional)

Caliente la leche y el azúcar extrafino en una cacerola y llévela a ebullición.

Derrita la mantequilla en una cacerola de base gruesa, añada el arroz y remueva bien para cubrir los granos. Añada un cucharón de leche caliente al arroz y remueva bien. Cuando el arroz haya absorbido la leche, añada otro cucharón. Siga añadiendo leche y remueva hasta que el arroz la haya absorbido toda. El arroz debería estar más bien *al dente*, con una salsa cremosa.

Añada las avellanas, las pasas sultanas y el chocolate y mezcle los ingredientes rápidamente. Sirva el *risotto* decorado con un poco de chocolate rallado. No mezcle demasiado el chocolate, ya que tendrá mejor aspecto con un efecto marmolado. Para añadirle un toque especial, añada un chorrito de brandy justo antes de decorar y servir el *risotto*.

Para preparar pudin de arroz con chocolate y naranja, añada la cáscara de una naranja finamente rallada a la leche y el azúcar cuando se estén calentando. Prepare el *risotto* tal como se indica en la receta y añádale 2 cucharadas de zumo de naranja, 125 g de chocolate con leche rallado y 75 g de frutas tropicales secas y troceadas en lugar de las avellanas, las pasas sultanas y el chocolate negro. Reserve un poco de chocolate rallado para decorar el plato.

pastelitos con compota de cerezas

6 raciones
tiempo de preparación
20 minutos, más tiempo
de enfriado
tiempo de cocción **18 minutos**

para la **compota**
50 g de **azúcar rubio extrafino**
2 cucharadas de **agua**
125 g de **cerezas** frescas,
partidas y sin hueso
150 ml de **vino moscatel**
100 g de **cerezas** frescas,
enteras y con rabo

para los **pastelitos**
175 g de **chocolate negro**
175 g de **mantequilla**
4 **huevos**
4 **yemas de huevo**
75 g de **azúcar rubio extrafino**
75 g de **harina** tamizada

Caliente el azúcar en una cacerola con el agua, hasta que empiece a tomar consistencia de jarabe. Añada las cerezas partidas y cuézalas, remueva todo el tiempo, durante 1 minuto. Añada el moscatel y lleve la mezcla a ebullición; deje reducir durante 5 minutos, añada las cerezas enteras y cueza la mezcla 1 minuto. Deje enfriar la compota.

Funda el chocolate con la mantequilla al baño María.

Bata los huevos enteros, las yemas de huevo y el azúcar hasta obtener una mezcla pálida, espesa, espumosa y que doble el volumen de la mezcla original. Añada la mezcla de chocolate fundido y remueva suavemente. Añada la harina y mézclela con el resto de ingredientes.

Engrase 6 moldes redondos para pastas y colóquelos sobre una bandeja de horno cubierta con papel de horno antiadherente. Vierta la mezcla en los moldes y cueza los pastelitos en el horno precalentado, a 190 °C, durante 8 minutos, hasta que la parte exterior esté firme y el centro esté blando.

Saque los pastelitos de los moldes. Añada el jarabe por encima y sírvalos con la compota de cerezas. Coloque dos cerezas enteras con rabo junto a cada pastelito para decorar.

Para preparar pastelitos de chocolate blanco con compota de albaricoque, corte 225 g de albaricoques en cuartos y sáqueles el hueso. Utilice 125 g de albaricoques cuarteados en lugar de las cerezas partidas y 100 g de albaricoques cuarteados en lugar de las cerezas enteras. Añada una rama de canela a la cacerola durante la cocción de los albaricoques. Para los pastelitos, utilice 125 g de chocolate blanco en lugar del chocolate negro.

pudin de chocolate

6 raciones
tiempo de preparación
20 minutos
tiempo de cocción **unas 2 horas**

75 g de **mantequilla**
150 g de **azúcar mascabado
    claro**
la cáscara de 1 **naranja**
    finamente rallada
2 **huevos**
150 g de **harina con levadura**
25 g de **cacao en polvo**
½ cucharadita de **bicarbonato
    de sodio**
100 g de **chocolate con leche**
    troceado
nata líquida, o **crema inglesa**
    envasada, para servir

para la **salsa**
125 g de **azúcar mascabado
    claro**
75 g de **mantequilla**
4 cucharadas de **zumo
    de naranja**
50 g de **dátiles** deshuesados
    y troceados

Ponga la mantequilla, el azúcar, la ralladura de naranja
y los huevos en un cuenco grande. Tamice la harina, el cacao
en polvo y el bicarbonato sobre estos ingredientes y bata
el conjunto vigorosamente hasta obtener una pasta cremosa.
Añada el chocolate.

Engrase un molde para pudines de 1,2 l y forre la base con
papel de horno antiadherente. Vierta la mezcla en el molde
y alise la superficie. Cubra el molde con un una doble capa
de papel de horno antiadherente y con una capa de papel de
aluminio; asegure las capas de papel bajo el borde del molde
con un cordel.

Lleve a ebullición 5 cm de agua en una cacerola grande.
Ponga el molde dentro del agua hirviendo y tape la cacerola.
Cueza a fuego lento durante 1 hora y 45 minutos; añada
agua de vez en cuando si es necesario.

Caliente el azúcar, la mantequilla y el zumo de naranja a fuego
lento en una cacerola pequeña hasta que el azúcar se disuelva.
Lleve la mezcla a ebullición y hiérvala durante 1 minuto. Añada
los dátiles y cuézalos durante 1 minuto. Voltee el pudin sobre
una fuente para servir y vierta la salsa por encima. Sírvalo
con nata o crema inglesa al lado.

Para preparar crema de chocolate, para servir en lugar de
la salsa de naranja y dátiles y la nata o la crema inglesa, funda
a fuego lento 50 g de chocolate negro troceado con 600 ml
de nata líquida en un recipiente dentro de una cacerola de agua
hirviendo (*véase* pág. 10). Retire del fuego. Mezcle 4 yemas de
huevo, 50 g de azúcar rubio extrafino y 1 cucharada de harina
de maíz. Añada la crema de chocolate caliente, bata la mezcla,
vuélvala a verter en la cacerola y remuévala hasta que se espese.

pudin de *brioche* con chocolate

4 raciones
tiempo de preparación
10 minutos, más tiempo
de enfriado
tiempo de cocción **30 minutos**

15 g de **mantequilla**
75 g de **chocolate negro**,
troceado
1 cucharada de **azúcar extrafino**
300 ml de **leche**
semidesnatada
2 **huevos** grandes
3 **brioches**, cada uno cortado
en 4 rebanadas
azúcar lustre, para espolvorear
crema fresca baja en grasa,
para servir (opcional)

Ponga la mantequilla, el chocolate, el azúcar y la leche en una cacerola pequeña y caliente los ingredientes a fuego lento hasta que el azúcar se disuelva y el chocolate se funda. Retire la mezcla del fuego y deje que se enfríe un poco.

Bata los huevos en un cuenco mediano y añádales gradualmente la mezcla de chocolate, sin dejar de batir.

Engrase una fuente para horno poco honda de 18 × 23 cm. Sumerja las rebanadas de *brioche* en la mezcla de chocolate y distribúyalas en la fuente formando capas.

Vierta el resto de la mezcla de chocolate encima de las rebanadas de *brioche* y meta la fuente en el horno precalentado, a 200 °C, durante 25-30 minutos, hasta que el *brioche* haya subido un poco y empiece a estar firme. Espolvoree azúcar lustre y sirva las rebanadas de *brioche* con un poco de crema fresca baja en grasa.

Para preparar pudin de *brioche* con sirope de caramelo, mezcle 100 g de mantequilla con 100 g de azúcar moreno en una cacerola. Añada 50 g de chocolate soluble y caliente la mezcla a fuego lento hasta que el chocolate y el azúcar se disuelvan. Añada gradualmente 300 ml de leche y siga removiendo hasta obtener una pasta homogénea. Bata 2 huevos medianos en un cuenco mediano y añada la crema de chocolate y caramelo sin dejar de batir. Vuelva a poner la mezcla en la cacerola y caliente a fuego lento, remueva hasta que la crema sea homogénea y algo espesa. Prepare el pudin y cuézalo como se indica en la receta.

crêpes con chocolate y ricotta

4 raciones
tiempo de preparación
25-30 minutos
tiempo de cocción
25-35 minutos

para los *crêpes*
125 g de **harina**
2 cucharadas de **azúcar rubio extrafino**
1 **huevo**
300 ml de **leche**
mantequilla o **aceite vegetal**, para freír

para el **relleno**
1 pieza de **jengibre confitado** de unos 15 g, picada
2 cucharadas de **azúcar extrafino**, y un poco más para espolvorear
250 g de **queso ricotta**
50 g de **pasas**
150 g de **chocolate blanco**, cortado en pedazos pequeños
3 cucharadas de **nata para montar**

para la **salsa**
125 g de **azúcar extrafino**
100 ml de **agua**
200 g de **chocolate negro**, troceado
25 g de **mantequilla**

Tamice la harina en un cuenco y añada el azúcar. Añada el huevo y un poco de leche y bata hasta obtener una masa firme. Incorpore la leche restante y remueva.

Caliente un poco de mantequilla en una sartén de 18 cm hasta que empiece a humear. Elimine el exceso de mantequilla y ponga un poco de masa en la sartén, moviéndola hasta que la base esté cubierta por una fina capa. Cuézala durante 1-2 minutos, hasta que la cara inferior empiece a dorarse.

Voltee la *crêpe* y cuézala durante 30-45 segundos más por la otra cara. Prepare el resto de *crêpes* de igual manera.

Mezcle el jengibre en un cuenco con el azúcar, la ricotta, las pasas, el chocolate blanco y la nata. Ponga cucharadas del relleno en el centro de las *crêpes* y dóblelas en cuartos.

Coloque las *crêpes* en una fuente para horno ligeramente engrasada y espolvoréelas con azúcar. Caliéntelas en el horno precalentado durante 10 minutos.

Disuelva el azúcar extrafino en el agua y deje que hierva a fuego fuerte durante 1 minuto. Retire del fuego y añada el chocolate. Deje reposar hasta que el chocolate se funda, añada la mantequilla y remueva hasta obtener una salsa homogénea y brillante para servir con las *crêpes* calientes.

Para preparar un relleno de naranja, albaricoque y crema de queso, mezcle la ralladura de una naranja con 1 cucharada de zumo de naranja, 2 cucharadas de azúcar rubio extrafino, 250 g de crema de queso baja en grasa, 50 g de orejones troceados y 150 g de chocolate blanco troceado. Mezcle todos los ingredientes y, si es necesario, añada 3 cucharadas de crema de queso para que la consistencia sea más cremosa.

suflés de chocolate blanco

4 raciones
tiempo de preparación
30 minutos, más tiempo
de enfriado
tiempo de cocción
15-20 minutos

mantequilla, para engrasar
75 g de **azúcar extrafino**,
más 4 cucharaditas
para cubrir los platos
3 **yemas de huevo**
40 g de **harina**
250 ml de **leche**
175 g de **chocolate blanco**,
troceado
1 cucharadita de **esencia
de vainilla**
5 **claras de huevo**
chocolate soluble y **azúcar
lustre**, para espolvorear

para la **salsa**
150 g de **chocolate negro**,
troceado
125 ml de **leche**
4 cucharadas de **nata para
montar**
25 g de **azúcar extrafino**

Engrase 4 recipientes para suflé, de 10 cm de diámetro y 6 cm de hondo; cubra la mantequilla con 1 cucharadita de azúcar extrafino y retire el exceso de azúcar. Coloque los recipientes en una bandeja de horno.

Bata el resto del azúcar junto a las yemas de huevo hasta obtener una crema espesa y espumosa. Tamice la harina sobre la superficie y mézclela con las yemas.

Lleve la leche a ebullición en una cacerola y añádala a la mezcla de yemas de huevo. Devuelva la mezcla a la cacerola y cueza a fuego medio, remueva hasta obtener una pasta espesa y homogénea. Retire del fuego, añada la mitad del chocolate blanco y remueva hasta que se funda. Añada la esencia de vainilla, mezcle, cubra con la tapa y déjela reposar hasta que se enfríe.

Bata las claras de huevo hasta que formen picos. Añada gradualmente el resto del azúcar hasta obtener una consistencia espesa y brillante. Añada 1 cucharada generosa de las claras de huevo a la mezcla de leche para aclararla, y luego el resto del chocolate blanco y el resto de las claras de huevo.

Llene los recipientes y meta la bandeja en el horno precalentado, a 220 °C, durante 10-12 minutos, hasta que los suflés suban.

Caliente todos los ingredientes de la salsa a fuego lento en una cacerola, remueva hasta obtener una crema homogénea, y viértala en una jarra para servir. Espolvoree los suflés con chocolate soluble y azúcar lustre y sirva con un chorrito de salsa.

Para preparar compota de frutos del bosque, caliente 500 g de frutos del bosque congelados junto a 50 g de azúcar extrafino y 6 cucharadas de crema de arándanos hasta que los frutos estén blandos.

ocasiones especiales

tarta de chocolate blanco

8 raciones
tiempo de preparación
10 minutos, más tiempo
de enfriado
tiempo de cocción **45 minutos**

475 g de **chocolate blanco**
125 g de **mantequilla**
3 **huevos** grandes, con las
yemas y las claras separadas
125 g de **azúcar rubio extrafino**
75 g de **harina integral
con levadura**, tamizada
50 g de **almendras molidas**

Funda 225 g de chocolate con la mantequilla en un recipiente al baño María (*véase* pág. 10). Reserve el resto del chocolate para decorar.

Bata las yemas de huevo y el azúcar hasta obtener una textura espumosa, espesa y pálida. Añada lentamente el chocolate fundido sin dejar de batir. Añada la harina y las almendras molidas.

Bata las claras de huevo en un cuenco grande limpio hasta formar picos suaves. Mezcle 1 cucharada generosa de claras con la mezcla de chocolate, para suavizarla ligeramente, y añada el resto con una cuchara metálica grande.

Engrase un molde desmontable de 20 cm y fórrelo con papel de horno. Vierta la mezcla en el molde y cueza la tarta en el horno precalentado, a 180 °C, durante 45 minutos o hasta que al clavar un pincho en el centro éste salga limpio.

Deje enfriar la tarta dentro del molde durante 10 minutos, retire la parte lateral del molde y deje reposar la tarta un poco más. Ralle la mitad del chocolate blanco reservado (*véase* pág. 12) y funda el resto en un recipiente al baño María. Unte el chocolate fundido sobre la superficie de la tarta y esparza las ralladuras de chocolate por encima.

Para preparar una tarta de chocolate con leche y brandy, sustituya el chocolate blanco por 475 g de chocolate con leche. Sustituya el azúcar extrafino por 125 g de azúcar moreno claro. Bata el azúcar con las yemas de huevo y añada 50 ml de brandy y 225 g de chocolate con leche sin dejar de batir (reserve el resto del chocolate para decorar). Añada la harina y las almendras y continúe la receta tal como se indica en la receta.

pastel bomba de chocolate

20 raciones
tiempo de preparación
1 hora, más tiempo de enfriado
tiempo de cocción **1 hora**
y 30 minutos

250 g de **mantequilla**
250 g de **azúcar rubio extrafino**
unas gotas de **extracto**
de vainilla
5 **huevos**, ligeramente batidos
250 g de **harina con levadura**,
y un poco más para espolvorear
100 g de **pepitas de chocolate**
blanco
100 g de **pepitas de chocolate**
negro
25 g de **cacao en polvo**
75 g de **mermelada de**
albaricoque templada
1 **bolita de chocolate blanco**

para el **jarabe**
50 g de **azúcar rubio extrafino**
100 ml de **agua**
50 ml de **licor de naranja**

para el **mazapán**
1 cucharada de **glucosa líquida**
o **licor de naranja**
450 g de **mazapán blanco**
50 g de **cacao en polvo**

Mezcle la mantequilla, el azúcar y el extracto de vainilla hasta obtener una crema pálida y untuosa; añada gradualmente los huevos y luego la harina. Ponga la mitad de la mezcla en otro cuenco. Añada las pepitas de chocolate blanco a un cuenco y las de chocolate negro al otro. Mezcle bien.

Engrase una flanera rizada de 23 cm de diámetro o un cuenco antitérmico y espolvoréelo con harina. Añada alternativamente las mezclas a cucharadas, y luego pase un cuchillo por ellas para obtener un aspecto marmolado. Haga un agujero en el centro y meta el pastel en el horno precalentado, a 180 °C, durante 1 hora o 1 hora y 15 minutos. Déjelo enfriar durante 15 minutos y voltéelo sobre una rejilla. Déjelo reposar 30 minutos más.

Hierva el azúcar y el agua en una cacerola hasta que el líquido tome textura de jarabe. Retírelo del fuego y añádale el licor de naranja.

Amase la glucosa líquida o el licor de naranja y el cacao en polvo con el mazapán. Aplane una bola de $^2/_3$ del mazapán entre dos hojas de papel de horno hasta formar un círculo de 40 cm.

Recorte la base del pastel si es necesario y póngala en un plato para servir. Vierta el jarabe por encima con una cuchara y añada la mermelada de albaricoque con un pincel. Cubra el pastel con el círculo de mazapán y recorte los bordes sobrantes en la base. Presione los lados de la base para crear un borde.

Aplane el resto de mazapán de chocolate y corte 20 flores de 2,5 cm. Vuelva a amasar los trozos sobrantes y recorte 3 flores de tamaños diferentes, para colocarlas encima del pastel. Distribuya las flores pequeñas en la base del pastel. Acabe la parte superior con una bolita de chocolate blanco.

pastel húmedo de chocolate

12-14 raciones
tiempo de preparación
20 minutos, más tiempo
de enfriado
tiempo de cocción **45 minutos**

250 g de **chocolate negro**
250 g de **mantequilla**
5 **huevos**
50 g de **azúcar mascabado
claro**
125 g de **harina con levadura**
75 g de **almendras molidas**

para la **crema de chocolate**
150 ml de **nata para montar**
150 g de **chocolate negro,**
troceado

Funda el chocolate con la mantequilla en un recipiente al baño María (*véase* pág. 10).

Bata los huevos y el azúcar hasta obtener una textura ligeramente espesa. Tamice la harina sobre la mezcla y añada las almendras y la mezcla de chocolate. Mezcle bien hasta que todos los ingredientes estén incorporados.

Engrase y forre un molde cuadrado de 23 cm. Vierta la mezcla en el molde y cuézala en el horno precalentado, a 160 °C, durante unos 35 minutos, hasta que empiece a estar firme. Transfiera el pastel a una rejilla para que se enfríe.

Caliente la nata en una cacerola hasta que esté a punto de hervir. Retire la cacerola del fuego y añada el chocolate. Déjelo reposar hasta que el chocolate se haya fundido y remueva para obtener una textura homogénea. Vierta la mezcla en un cuenco y déjela reposar hasta que se espese.

Corte y retire la capa superior del pastel si se ha levantado por el centro. Corte el pastel horizontalmente por la mitad y vuelva a unir las mitades con $^1/_3$ de la crema de chocolate en el centro. Unte los lados y la parte superior del pastel con el resto de crema de chocolate; dele una forma decorativa con una espátula.

Para preparar pastel de chocolate, *toffee* y pacanas, añada 75 g de pacanas troceadas a la masa del pastel junto a las almendras molidas y cuézalo tal como se indica en la receta. Sustituya el relleno y la cobertura de crema de chocolate por 500 g de dulce de leche. Reparta la mitad del dulce de leche en el centro del pastel y la otra mitad en la parte exterior. Decore el pastel con 8 pacanas partidas por la mitad.

brazo de gitano de chocolate

8 raciones
tiempo de preparación
30 minutos, más tiempo
de enfriado
tiempo de cocción **15 minutos**

175 g de **chocolate negro**
5 **huevos**, con las claras
y las yemas separadas
175 g de **azúcar rubio extrafino**,
y un poco más para
espolvorear
275 ml de **nata para montar**
6 cucharadas de **salsa
de chocolate** envasada
1 cucharada de **azúcar lustre
moreno**, tamizado
6 cucharadas de **caramelo
con plátano** envasado
hojas de chocolate, para
decorar (*véase* pág. 13)

Funda el chocolate en un recipiente al baño María (*véase* pág. 10). Bata las yemas de huevo y el azúcar extrafino en un cuenco hasta obtener una pasta pálida y espumosa. Añada el chocolate fundido sin dejar de batir.

Bata las claras de huevo aparte hasta que estén firmes. Utilice una cuchara metálica grande para añadir $^1/_4$ de las claras de huevo a la mezcla de chocolate para aclararla; incorpore el resto de las claras.

Engrase y forre un molde rectangular poco hondo o una bandeja de horno. Vierta la mezcla en el molde, esparciéndola hasta los bordes. Cuézala en el horno precalentado, a 180 °C, durante 15 minutos, hasta que esté firme al tacto. Saque el molde del horno y cúbralo con un paño limpio y húmedo. Déjelo enfriar durante 1 o 2 horas.

Monte la nata hasta que forme picos suaves y añádale la salsa de chocolate; reserve 2 cucharadas. Añada el azúcar lustre.

Espolvoree una hoja de papel de horno generosamente con azúcar extrafino. Ponga la masa horneada sobre el papel. Unte el *toffee* sobre la masa hasta 1 cm del borde, y unte la crema de chocolate por encima. Enrolle la masa, empezando por uno de los lados cortos. Coloque el pastel en una fuente para servir. Coloque las hojas de chocolate en la parte superior.

Para preparar un brazo de gitano de chocolate
y fresa, prepare el brazo de gitano tal como se indica en la receta, pero sustituya el *toffee* de plátano en el relleno con 5 cucharadas de conserva de fresa, 250 g de mascarpone mezclado con 2 cucharadas de azúcar rubio extrafino y 50 g de fresas cortadas. Enrolle el brazo de gitano y sírvalo con 4 fresas encima.

merengues de chocolate y café

para **8 merengues**

tiempo de preparación
15 minutos, más tiempo
de enfriado

tiempo de cocción **1 hora**

6 **claras de huevo**

350 g de **azúcar mascabado**
claro

2 cucharaditas de **extracto**
de vainilla

2 cucharadas de **harina de maíz**

1 cucharada de **café expreso**
soluble

1 cucharada de **vinagre de vino**
blanco

75 g de **chocolate negro**,
troceado

8 cucharadas de **yogur griego**

8 cucharaditas de **miel líquida**

8 **higos**

Bata las claras de huevo en un cuenco limpio hasta que se espesen (compruebe que estén listas volteando el cuenco. Si las claras se deslizan por el cuenco, deberá batirlas un poco más; si no se mueven, están listas).

Añada el azúcar a las claras, cucharada a cucharada, sin dejar de batir, hasta que todo esté bien mezclado. Mezcle el extracto de vainilla, la harina de maíz, el café soluble granulado y el vinagre y añada la mezcla al merengue junto a los pedazos de chocolate.

Forre una bandeja de horno con papel de horno antiadherente. Coloque 8 cucharadas generosas de merengue sobre el papel. Cueza los merengues en el horno precalentado, a 150 °C, durante 1 hora. Deje enfriar.

Sirva los merengues en platos individuales con 1 cucharada de yogur y un chorrito de miel. Corte una cruz en la parte superior de cada higo y presiónelos suavemente por la base para que se abran. Coloque un higo en cada plato.

Para preparar merengues oscuros de azúcar mascabado, sustituya la harina de maíz por 2 cucharadas de cacao en polvo y prepare los merengues tal como se indica en la receta. Combine 4 cucharadas de yogur griego con 4 cucharadas de nata montada, 1 cucharada de jarabe de jengibre y una pizca de jengibre molido. Sirva cada merengue con 1 cucharada de esta mezcla y una pieza de jengibre confitado cuarteada.

pastel de chocolate con arándanos

12 raciones
tiempo de preparación
  20 minutos, más tiempo
  de enfriado
tiempo de cocción **30 minutos**

225 g de **azúcar rubio extrafino**
100 ml de **agua**
325 g de **chocolate negro**
225 g de **mantequilla**
5 **huevos**
300 g de **arándanos**, para servir
12 cucharaditas de **crema
  de arándanos**, para servir

Caliente 150 g de azúcar a fuego lento en una cacerola con el agua hasta que el azúcar se disuelva y adquiera la consistencia de un jarabe claro. Retire la cacerola del fuego.

Funda el chocolate con la mantequilla en un recipiente al baño María (*véase* pág. 10). Añada el jarabe caliente al chocolate fundido y retire la mezcla del fuego.

Bata el resto del azúcar junto con los huevos hasta que adquieran una consistencia clara y espumosa y hayan triplicado su volumen. Añada lentamente el chocolate a los huevos batidos y remueva hasta que todo esté bien mezclado.

Engrase un molde desmontable de 23 cm y fórrelo con papel de horno antiadherente. Vierta la mezcla en el molde y coloque el molde sobre un salvamanteles en una bandeja para asar. Llene la bandeja para asar hasta ³/₄ de su capacidad con agua hirviendo. Cueza el pastel en el horno precalentado, a 120 °C, durante 50 minutos, hasta que empiece a estar firme.

Deje enfriar el pastel en el molde dentro del agua. Sírvalo en porciones con unos cuantos arándanos y un chorrito de crema de arándanos por encima.

Para preparar pastel de café y *amaretti*, funda a fuego lento 200 g de chocolate negro y 125 g de chocolate con leche con 225 g de mantequilla y 3 cucharadas de café expreso muy fuerte. Espolvoree 150 g de galletas *amaretti* troceadas en el molde preparado, vierta la mezcla de chocolate fundido por encima y cueza el pastel tal como se indica en la receta. Cuando esté frío, córtelo en porciones, espolvoree azúcar lustre rubio por encima y sírvalo con 300 g de frambuesas. Añada 1 cucharadita de licor o jarabe de frambuesa sobre cada porción.

roscón de chocolate

12 raciones
tiempo de preparación
20 minutos, más tiempo
de enfriado
tiempo de cocción **40 minutos**

175 g de **harina con levadura**
50 g de **cacao en polvo**
2 cucharaditas de **levadura**
175 g de **azúcar extrafino**
175 g de **mantequilla**
4 **huevos**
2 cucharaditas de **esencia
de vainilla**
4 cucharadas de **leche**
nueces, para decorar

para la **cobertura**
300 g de **chocolate negro**,
troceado
4 cucharadas de **leche**
50 g de **mantequilla**
225 g de **azúcar lustre**,
y un poco más para espolvorear

Tamice la harina, el cacao en polvo y la levadura sobre
un cuenco. Añada el azúcar, la mantequilla, los huevos,
la esencia de vainilla y la leche y bata la mezcla hasta obtener
una masa homogénea.

Engrase y forre la base de un molde de anillo de 1,8 l. Vierta
la mezcla en el molde y alise la superficie. Cueza el pastel
en el horno precalentado, a 180 °C, durante 35 minutos
o hasta que esté firme al tacto. Utilice una espátula para
separar el pastel de los lados del molde, voltéelo sobre
una rejilla y déjelo reposar.

Caliente el chocolate con la leche a fuego lento en una
cacerola de base gruesa hasta que el chocolate se haya
fundido; remueva frecuentemente. Añada la mantequilla
y remueva la mezcla. Añada el azúcar lustre, remueva y deje
que la mezcla se enfríe un poco.

Corte el pastel horizontalmente en tres capas. Vuelva
a remover la cobertura hasta que tenga una textura cremosa.
Utilice un poco de cobertura para volver a unir las capas
del pastel. Unte toda la superficie con la cobertura restante
creando formas decorativas con la ayuda de una espátula.
Decore la parte superior del pastel con las nueces y espolvoree
azúcar lustre para terminar.

Para preparar un roscón de chocolate y nueces, añada
50 g de nueces troceadas en pedazos pequeños a la mezcla
del pastel. Sírvalo con crema fresca al aroma de naranja;
añada la ralladura de una naranja a 200 g de crema fresca.

tartaletas de chocolate blanco y arándanos

para **6 tartaletas**

tiempo de preparación
30 minutos, más tiempo
de reposo y enfriado

tiempo de cocción **20 minutos**

250 g de **arándanos
congelados**

50 g de **azúcar rubio extrafino**

4 cucharadas de **crema
de arándanos**

200 g de **chocolate blanco
a la vainilla**

300 g de **queso freso
desnatado**

1 cucharadita de **pasta
de vaina de vainilla**

2 cucharadas de **jalea
de arándanos**

6 **bases para tartaletas**
envasadas

Caliente a fuego lento los arándanos, el azúcar y la crema de arándanos en una cacerola hasta que los arándanos se ablanden un poco. Cuele los arándanos y déjelos aparte para que se enfríen. Reserve el jugo.

Funda el chocolate blanco en un recipiente al baño María (*véase* pág. 10). Añada el queso fresco y la pasta de vaina de vainilla y bata la mezcla. Cúbrala y enfríela en la nevera.

Añada la jalea de arándanos al jugo de arándanos reservado en la cacerola. Caliente a fuego lento para derretir la jalea y remueva para formar una salsa homogénea.

Vierta la mezcla de vainilla y chocolate blanco en las bases para tartaletas con una cuchara 1 o 2 horas antes de servirlas. Coloque los arándanos por encima y añada el jarabe de arándanos para glasear. Conserve las tartaletas en la nevera hasta el momento de servirlas.

Para preparar bases para tartaleta caseras, mezcle 175 g de harina con 75 g de mantequilla hasta que se formen migas. Añada 50 g de azúcar lustre y 2 yemas de huevo y mezcle los ingredientes hasta obtener una masa. Envuélvala en film transparente y enfríela en la nevera durante 30 minutos. Engrase y forre la base de 6 moldes de 6 × 8 cm. Divida la masa en 6 partes y presiónelas contra los moldes. Enfríe los moldes en la nevera durante 20 minutos. Recorte el exceso de masa, cubra la masa con papel de horno antiadherente, llénela de alubias secas y cuézala en el horno precalentado, a 190 °C, durante 8 minutos. Retire el papel y las alubias y cueza las bases durante 4 minutos más, hasta que estén doradas y crujientes. Déjelas enfriar en sus moldes durante 10 minutos o fuera de los moldes sobre una rejilla antes de utilizarlas.

tarta suntuosa de chocolate

12-14 raciones
tiempo de preparación
  25 minutos, más tiempo
  de enfriado
tiempo de cocción **40 minutos**

200 g de **chocolate negro**
2 cucharadas de **leche**
175 g de **mantequilla**
175 g de **azúcar extrafino**
175 g de **avellanas** o **almendras
  molidas**
40 g de **harina**
5 **huevos**, con las claras
  y las yemas separadas
3 cucharadas de **agua caliente**

para el **jarabe**
25 g de **azúcar extrafino**
4 cucharadas de **brandy**
  o **licor de naranja o café**
50 ml de **agua**

para la **cobertura**
5 cucharadas de **mermelada
  de albaricoque**
25 g de **azúcar extrafino**
75 ml de **agua**
200 g de **chocolate negro**
25 g de **chocolate con leche**

Funda 200 g de chocolate negro con la leche en un recipiente al baño María (*véase* pág. 10). Ponga la mezcla de chocolate, la mantequilla, 175 g de azúcar, las avellanas o almendras, la harina y las yemas de huevo en un cuenco con el agua caliente y mezcle hasta obtener una pasta homogénea.

Bata las claras de huevo hasta que formen picos y mézclelas con la mezcla de chocolate.

Engrase y forre un molde para tartas de 23 cm. Vierta la mezcla en el molde y aplane la superficie. Cueza el pastel en el horno precalentado, a 180 °C, durante 30 minutos, hasta que empiece a estar firme. Cubra el pastel con un paño húmedo.

Mezcle 25 g de azúcar, el brandy o licor y el agua en una cacerola pequeña y caliente a fuego lento hasta que el azúcar se disuelva. Hierva a fuego fuerte durante 1 minuto hasta que adquiera textura de jarabe. Voltee el pastel sobre una rejilla, retire el papel y vierta el jarabe a cucharadas sobre el pastel.

Caliente la mermelada de albaricoque, cuélela y pinte la superficie del pastel con ella.

Caliente 25 g de azúcar extrafino en una cacerola pequeña de base gruesa con 75 ml de agua hasta que se disuelva. Deje que hierva a fuego fuerte durante 1 minuto. Retire del fuego, deje reposar durante 1 minuto y añada 200 g de chocolate negro. Remueva continuamente, hasta que el chocolate se funda. Deje reposar hasta que la mezcla empiece a espesarse.

Vierta la cobertura de chocolate sobre el pastel con la ayuda de una espátula. Rocíe el chocolate con leche sobre los bordes superiores para un acabado decorativo. Deje reposar en un lugar fresco.

pasteles fáciles de coco y chocolate

para **6 pasteles**
tiempo de preparación
  20 minutos, más tiempo
  de enfriado
tiempo de cocción **30 minutos**

75 g de **coco rallado endulzado**
175 g de **harina con levadura**
1 cucharadita de **levadura**
175 g de **azúcar rubio extrafino**
3 **huevos** grandes ligeramente
  batidos
175 g de **mantequilla** derretida
200 g de **chocolate con leche**

Reserve $^1/_3$ del coco y ponga el resto en un cuenco grande. Añada la harina, la levadura, el azúcar, los huevos y la mantequilla derretida. Mezcle los ingredientes hasta obtener una pasta homogénea.

Engrase y forre la base de 8 moldes en forma de corazón de unos 5 cm de diámetro. Vierta la mezcla en los moldes y cuézalos en el horno precalentado, a 180 °C, durante 20 minutos, hasta que los pasteles hayan subido y al clavar un pincho en el centro éste salga limpio. Ponga los pasteles sobre una rejilla para que se enfríen y coloque la rejilla sobre un papel de horno.

Funda el chocolate en un recipiente al baño María (*véase* pág. 10). Utilice una espátula para esparcir el chocolate por los lados de los pasteles y vierta el resto del chocolate encima de los pasteles; deje que gotee por los lados.

Espolvoree el coco restante para decorar los pasteles y deje que se endurezcan un poco antes de servirlos.

Para preparar un pastel de arándanos, pepitas de chocolate y coco, engrase y forre un molde de 18 cm en forma de corazón. Añada 75 g de arándanos, 75 g de pepitas de chocolate con leche y 2 cucharadas de zumo de arándanos a la mezcla del pastel anterior y continúe tal como se indica en la receta. Para terminar, espolvoree 25 g de arándanos secos sobre la decoración de chocolate y coco.

magdalenas de chocolate y grosella

para **12 magdalenas**
tiempo de preparación
   20 minutos, más tiempo
   de enfriado
tiempo de cocción **15 minutos**

125 g de **mantequilla**
125 g de **azúcar mascabado
   claro**
2 **huevos**
100 g de **harina integral
   con levadura**
2 cucharadas de **leche**

para la **cobertura**
100 g de **grosellas**
300 g de **azúcar lustre rubio**
12 ramitas de **2-3 grosellas**,
   para decorar

Mezcle la mantequilla y el azúcar mascabado claro en un cuenco hasta obtener una consistencia cremosa y clara. Añada los huevos gradualmente y bata la mezcla. Tamice la harina y el cacao en polvo sobre el cuenco y añada a la mezcla el salvado que haya podido quedar en el tamiz. Agregue la leche y remueva todos los ingredientes suavemente.

Coloque 12 moldes de papel para magdalenas en una bandeja para magdalenas. Divida la mezcla entre todos los moldes y cueza las magdalenas en el horno precalentado, a 200 °C, durante 15 minutos, hasta que hayan subido y estén ligeramente doradas. Déjelas enfriar sobre una rejilla.

Retire las grosellas de sus tallos con un tenedor y bátalas en una batidora o robot de cocina hasta obtener una masa homogénea. Añada la mitad del azúcar lustre y vuelva a batir hasta que los ingredientes estén bien mezclados. Incorpore el resto del azúcar lustre y vuelva a batir la mezcla. Vierta la cobertura de grosella sobre cada magdalena con una cuchara. Decore las magdalenas con una ramita de grosellas.

Para preparar magdalenas de chocolate blanco y frambuesas, utilice 75 g de pepitas de chocolate blanco en lugar del cacao. Sustituya las grosellas de la cobertura por un puñado generoso de frambuesas. Para terminar, decore cada magdalena con 3 frambuesas frescas enteras.

la tarta de cumpleaños definitiva

12 raciones
tiempo de preparación
20 minutos
tiempo de cocción
20-25 minutos

125 g de **mantequilla**
175 g de **azúcar rubio extrafino**
175 g de **azúcar mascabado claro**
2 **huevos**
225 g de **harina integral con levadura**
50 g de **cacao en polvo**
½ cucharadita de **bicarbonato de sodio**
250 ml de **yogur natural**

para la **cobertura**
300 g de **azúcar lustre rubio**, tamizado
2 cucharadas de **cacao en polvo**, tamizado
15 g de **mantequilla** derretida
3-4 cucharadas de **agua hirviendo**

para la **decoración**
150 g de **rizos de chocolate negro o con leche**
(*véase* pág. 13)

Mezcle la mantequilla, el azúcar rubio extrafino y el azúcar mascabado claro en un cuenco hasta obtener una crema suave y clara. Añada los huevos uno por uno, batiéndolos bien cada vez. Tamice la harina, el cacao en polvo y el bicarbonato de sodio sobre la mezcla. Vierta el yogur natural en la mezcla. Remueva el conjunto hasta obtener una pasta homogénea.

Engrase y forre la base de un molde de 28 × 18 cm. Vierta la mezcla en el molde y métalo en el horno precalentado, a 180 °C, durante 10-25 minutos, hasta que empiece a estar firme y se encoja por los bordes. Compruebe si está hecho clavando un pincho en el centro; debe salir limpio. Deje enfriar la tarta en el molde durante 5 minutos, pásela a una rejilla y deje que se enfríe completamente.

Tamice el azúcar lustre y el cacao en polvo sobre un cuenco, y añada la mantequilla derretida y 2 cucharadas de agua hirviendo. Remueva hasta obtener una consistencia homogénea y cremosa. Si la cobertura está demasiado espesa, añada un poco más de agua hirviendo con mucho cuidado, gota a gota. Unte la cobertura sobre la parte superior de la tarta con una espátula mojada en agua caliente. Ate la tarta con un lazo y decórela con los rizos de chocolate y las velas de cumpleaños.

Para elaborar una decoración personalizada, en lugar de los rizos de chocolate, funda 75 g de chocolate negro y 75 g de chocolate con leche en cuencos separados al baño María (*véase* pág. 10). Llene dos mangas pasteleras con cada tipo de chocolate y trace formas sencillas sobre la tarta. También puede utilizar chocolate blanco para conseguir un mayor contraste cromático.

tarta facilísima de almendras

16 raciones
tiempo de preparación
20 minutos, más tiempo
de enfriado
tiempo de cocción **1 hora
y 30 minutos**

200 g de **chocolate negro**
5 **huevos** grandes
125 g de **azúcar rubio extrafino**
100 g de **almendras molidas**
1 cucharada de **licor de café**
cacao en polvo, para
espolvorear
200 g de **frambuesas** frescas

Funda e chocolate en un recipiente al baño María
(*véase* pág. 10).

Separe todos los huevos menos uno, y reserve las claras.
Bata el huevo entero, las yemas y el azúcar en un cuenco
hasta que la mezcla tenga un aspecto espeso y pálido y quede
algo pegado a las varillas al levantarlas.

Añada el chocolate fundido lentamente y luego las almendras,
sin dejar de batir. Limpie las varillas y bata las claras de huevo
hasta que empiecen a formar picos. Añada $^1/_4$ de las claras
de huevo a la mezcla para suavizarla, bata el conjunto y añada
el resto de las claras.

Engrase y forre un molde redondo de 12 cm de diámetro
y 8 cm de hondo; asegúrese de que el papel de horno
antiadherente sobresale del molde unos 7 cm. Vierta la mezcla
en el molde y cuézala en el horno precalentado, a 160 °C,
durante 1 hora o 1 hora y 15 minutos, o hasta que al clavar
un pincho en el centro éste salga limpio.

Agujeree el pastel en varios puntos mientras todavía esté
caliente y vierta un chorrito de licor de café por encima. Déjelo
enfriar en el molde durante 30 minutos. Para servirlo, coloque
el pastel sobre un soporte para tartas, cúbralo con frambuesas
y envuélvalo con una cinta ancha.

**Para preparar porciones de chocolate y nueces de
macadamia**, añada 50 g de nueces de macadamia troceadas
junto con las almendras molidas. Cueza el pastel como
se indica en la receta, en un molde rectangular de 1 kg
forrado. Vierta 1 cucharada de jerez sobre el pastel en lugar
del licor de café y córtelo en rebanadas para servirlo.

tarta sacher

16 raciones
tiempo de preparación
50 minutos, más tiempo
de enfriado
tiempo de cocción **1 hora
y 15 minutos**

225 g de **chocolate negro**
175 g de **mantequilla**
175 g de **azúcar rubio extrafino**
5 **huevos**, ligeramente batidos
125 g de **harina integral
con levadura**, tamizada
3 cucharadas de **cacao en polvo**
4 cucharadas de **ron**
8 **grageas de chocolate
doradas**, para decorar

para la *ganache*
175 g de **chocolate negro**
75 g de **mantequilla**
4 cucharadas de **nata
para montar**, tibia

Funda el chocolate en un recipiente al baño María
(*véase* pág. 10).

Mezcle la mantequilla y el azúcar hasta obtener una crema
suave y pálida. Añada los huevos gradualmente y tamice
un poco de harina y cacao en polvo. Añada el resto de harina
y de cacao en polvo y 2 cucharadas de ron. Remueva para
mezclar todos los ingredientes.

Engrase y forre un molde desmontable de 20 cm o una
flanera rizada. Vierta la mezcla en el molde y cuézala en el
horno precalentado, a 190 °C, durante 30 minutos. Cubra
el molde con papel de aluminio y cueza el pastel durante
15 minutos más. El pastel estará listo cuando un pincho
insertado en el centro salga limpio.

Deje enfriar en el molde durante 30 minutos. Coloque el
pastel sobre papel de horno en una rejilla para que se enfríe
completamente. Añádale el ron restante.

Funda el chocolate para preparar el *ganache*. Añada la
mantequilla, remueva la mezcla y viértala sobre el pastel.
Utilice una espátula para cubrir el pastel de manera uniforme.
Decore la parte superior del pastel con las grageas de
chocolate doradas.

Para preparar tarta sacher de almendras, mezcle 125 g
de mazapán rallado congelado con la harina y el cacao en
polvo tal como se indica en la receta. Sustituya el ron por
4 cucharadas de licor Amaretto di Saronno y continúe con
la preparación tal como se indica en la receta.

huevos sorpresa de chocolate

para **2 huevos**
tiempo de preparación
   15 minutos, más tiempo
   de secado y enfriado
tiempo de cocción **10 minutos**

2 **huevos** grandes
100 g de **chocolate blanco**
100 g de **chocolate con leche**
2 cucharaditas de **dulce
   de leche**

Inserte un pincho metálico en el extremo estrecho de cada huevo para hacer un agujero; retire trocitos de cáscara hasta que el agujero tenga 1 cm de diámetro. Vierta el contenido de los huevos en un cuenco. Enjuague las cáscaras bajo un chorro de agua, deles la vuelta y déjelos secar durante 20 minutos, o bien seque el interior con la ayuda de un secador de mano a baja potencia.

Funda el chocolate blanco y el chocolate con leche en recipientes separados al baño María (*véase* pág. 10). Ponga los huevos en hueveras individuales de manera que el agujero quede en la parte de arriba. Vierta con cuidado la mitad del chocolate blanco dentro de cada huevo. Enfríe los huevos en la nevera durante 30 minutos.

Ponga el dulce de leche dentro de los huevos con la ayuda de una cuchara o una manga pastelera. Rellene cada huevo con la mitad del chocolate con leche fundido y déjelos enfriar en la nevera durante 2 horas, hasta que el chocolate se haya endurecido.

Golpee suavemente la cáscara de los huevos para romperla y pele completamente los huevos, tratando de no tocar demasiado el chocolate. Coloque cada huevo en una huevera. Para comerlos, pase un cuchillo bajo un chorro de agua caliente, séquelo y corte los huevos por la mitad con el cuchillo caliente.

tarta-nido de pascua

12 raciones
tiempo de preparación
50 minutos, más tiempo
de enfriado
tiempo de cocción
25-30 minutos

75 g de **harina con levadura**
½ cucharadita de **levadura**
40 g de **cacao en polvo**
125 g de **mantequilla**
125 g de **azúcar extrafino**
2 **huevos**
4 cucharadas de **licor de naranja** o **zumo de naranja**
75 g de **chocolate negro**

para el **relleno**
2 cucharaditas de **gelatina**
2 cucharadas de **agua fría**
3 **yemas de huevo**
50 g de **azúcar extrafino**
1 cucharaditas de **harina de maíz**
300 ml de **leche**
200 g de **chocolate negro** troceado
300 ml de **nata para montar**

para la **decoración**
2 **barras de chocolate** *flaky* troceadas
mini-huevos de chocolate

Tamice la harina, la levadura y el cacao e polvo sobre un cuenco. Añada la mantequilla, el azúcar y los huevos y bata hasta que la mezcla sea homogénea.

Engrase un molde desmontable de 23 cm y forre la base con papel de horno. Vierta la mezcla y cueza en el horno precalentado, a 180 °C, durante 20-25 minutos, hasta que empiece a estar firme. Coloque el pastel en una fuente de servir y vierta el licor o el zumo por encima.

Corte una tira de papel de horno 1 cm más larga que la circunferencia del bizcocho y de 6 cm de ancho. Funda el chocolate y úntelo sobre el papel formando una línea algo ondulada. Deje 1,5 cm de papel sin chocolate en un extremo. Déjelo reposar 15 minutos y luego envuelva el bizcocho con el papel, de forma que los dos extremos del chocolate se toquen. Ponga el pastel a enfriar en la nevera.

Espolvoree la gelatina sobre el agua y deje que se ablande. Bata las yemas en un cuenco con el azúcar, la harina de maíz y un poco de leche. Lleve la leche restante a ebullición. Viértala sobre la mezcla de yemas de huevo y bata. Vierta la mezcla en una cacerola y cuézala a fuego lento hasta que se espese.

Retire la mezcla del fuego y añádale la gelatina. Remueva hasta que la gelatina se disuelva. Añada 200 g de chocolate y déjelo reposar hasta que se funda.

Monte la nata hasta que forme picos y añádala a la mezcla de chocolate. Viértala sobre el bizcocho y alísela. Ponga a enfriar el pastel en la nevera hasta que se endurezca. Retire la tira de papel. Coloque los pedazos de chocolate sobre la tarta para formar un nido con los huevos en el centro.

tronco de navidad

10 raciones

tiempo de preparación
   40 minutos, más tiempo
   de enfriado

tiempo de cocción **20 minutos**

3 huevos
75 g de **azúcar extrafino,**
   y un poco más para espolvorear
50 g de **harina** tamizada
25 g de **cacao en polvo**
   tamizado

para el **relleno**
150 ml de **nata para montar**
150 g de **puré de castañas
endulzado** envasado

para la **crema de chocolate**
150 ml de **nata para montar**
200 g de **chocolate negro,**
   troceado

para la **decoración**
3 **barritas de chocolate** *flaky*
azúcar lustre, para espolvorear

Bata los huevos y el azúcar dentro de una cacerola con agua caliente hasta que la mezcla quede algo pegada a las varillas. Añada la harina y el cacao en polvo a la mezcla y remueva hasta que los ingredientes se combinen.

Engrase y forre un molde rectangular poco hondo de 33 × 23 cm o una bandeja de horno, vierta la mezcla y cuézala en el horno precalentado, a 180 °C, durante 15 minutos, hasta que empiece a estar firme. Espolvoree azúcar extrafino sobre una hoja de papel de horno antiadherente y coloque el pastel encima. Enrolle el bizcocho junto al papel nuevo y déjelo reposar.

Monte la nata hasta que empiece a formar picos y añádale el puré de castañas. Desenrolle el bizcocho y unte la superficie con la crema de castaña. Vuelva a enrollar el bizcocho.

Caliente la nata hasta que empiece a hervir. Retírela y añádale el chocolate. Déjela reposar hasta que el chocolate se funda. Remueva hasta obtener una crema homogénea. Deje enfriar.

Coloque el pastel en una fuente con los extremos del bizcocho en la parte inferior. Bata ligeramente la crema de chocolate para espesarla un poco y espárzala por la superficie, dejando algo de margen en los extremos. Corte las barritas de chocolate longitudinalmente y coloque los trozos sobre la crema para decorar. Espolvoree el tronco con azúcar lustre y sírvalo.

Para preparar un tronco con mantequilla de brandy, sustituya el relleno de castañas por 125 g de mantequilla de brandy mezclada con 150 ml de crema fresca. Espolvoree con cacao en polvo en lugar de azúcar lustre. Sírvalo con una salsa elaborada con 2 cucharaditas de arruruz, 1 cucharada de agua fría y 150 ml de ponche caliente de vino y especias. Caliente la salsa hasta que esté espesa y translúcida.

tarta celestial de navidad

20 raciones
tiempo de preparación **1 hora**,
  más tiempo de macerado
  de la fruta y enfriado
tiempo de cocción **1 hora**
  y 45 minutos

250 g de **fruta seca**
200 ml de **jerez**
250 g de **mantequilla**
225 g de **azúcar de melaza**
3 **huevos**
200 g de **harina integral**
  con levadura
50 g de **cacao en polvo**
2 cucharadas de **especias**
  variadas
4 piezas de **jengibre confitado**,
  troceadas
100 g de **chocolate blanco**,
  troceado

para la **decoración**
150 g de **mantequilla**
150 g de **azúcar lustre rubio**
150 g de **crema de queso**
1 cucharada de **brandy**
125 g de **grosellas secas**

Meta la fruta seca y el jerez en un tarro (*véase* pág. 11)
y déjelo macerar al menos 1 hora y hasta 1 semana.

Mezcle la mantequilla y el azúcar hasta formar una pasta
suave. Añada gradualmente los huevos y tamice la harina,
el cacao, las especias y el jengibre.

Pique la mitad de la fruta seca en un robot de cocina hasta
obtener una pasta homogénea. Añada la pasta de fruta a la
mezcla del pastel con el resto de la fruta y el líquido del tarro.
Añada el chocolate blanco y mezcle bien todos los ingredientes.

Engrase y forre un molde para tartas de 15 cm. Vierta la
masa en el molde y cueza el pastel en el horno precalentado,
a 180 °C, durante 1 hora y 30 minutos. Deje enfriar el pastel
dentro del molde.

Mezcle la mantequilla, el azúcar, la crema de queso y el brandy
en una batidora o robot de cocina hasta obtener una pasta
homogénea y espárzala sobre la tarta. Decore la cobertura
con grosellas secas y envuelva los lados de la tarta con
un lazo grande.

Para hacer una decoración clásica de mazapán y glaseado,
en lugar de utilizar brandy, pinte la superficie del pastel con
4 cucharadas de glaseado de albaricoque. Utilice una pieza
de 500 g de mazapán natural y haga un círculo de 25 cm de
diámetro, colóquelo sobre el pastel, presiónelo y recorte el
exceso de mazapán. Bata 3 claras de huevo en un cuenco
grande y añada 500 g de azúcar lustre rubio tamizado. Bata la
mezcla hasta que se espese. Añada 1 cucharaditas de glicerina.
Utilice una espátula para untar el pastel con el glaseado. Deje
que se endurezca antes de decorar la tarta con las grosellas.

para los
niños

crema de chocolate
y avellanas para untar

Para **500 g**

tiempo de preparación
  10 minutos, más tiempo
  de enfriado

tiempo de cocción **5 minutos**

375 g de **chocolate con leche**
125 g de **avellanas**
2 cucharadas de **aceite vegetal**
2 cucharadas de **azúcar rubio**
  extrafino
1 cucharada de **cacao en polvo**
½ cucharadita de **extracto**
  de vainilla

Esterilice un tarro de cristal de 400 g (*véase* pág. 11) y funda el chocolate en un recipiente al baño María (*véase* pág. 10).

Muela las avellanas en el robot de cocina hasta obtener una pasta. Añada el aceite, el azúcar, el cacao en polvo y el extracto de vainilla y vuelva a batir la mezcla.

Vierta la mezcla en el chocolate fundido y remueva hasta obtener una consistencia uniforme, cremosa y tibia. Vierta la mezcla en el tarro esterilizado y tápelo. Deje que se enfríe y que se espese ligeramente antes de utilizarla. Se conservará bien durante un mes tapada y a temperatura ambiente.

Para preparar crema chocolate con leche y chocolate blanco, funda el chocolate con leche tal como se indica en la receta. Pique 125 g de chocolate blanco en la batidora o el robot de cocina. Prescinda de las avellanas y continúe la receta tal como se indica en la receta, añadiendo el aceite, el azúcar extrafino, el cacao en polvo y el extracto de vainilla en el vaso de la batidora, y luego el chocolate fundido.

mantecada de chocolate y caramelo

20 raciones
tiempo de preparación
   25 minutos, más tiempo
   de enfriado y endurecido
tiempo de cocción **40 minutos**

200 g de **harina**
50 g de **cacao en polvo**
75 g de **azúcar rubio extrafino**
175 g de **mantequilla**
200 g de **chocolate blanco**

para el **caramelo**
750 g de **leche condensada**
100 g de **azúcar mascabado
   claro**
100 g de **mantequilla**

Mezcle la harina, el cacao en polvo, el azúcar y la mantequilla
en una batidora hasta que la mezcle forme migas; procésela
un poco más hasta que se forme una bola. Pase la masa a una
superficie enharinada y amásela hasta obtener una consistencia
suave y homogénea.

Engrase y forre un molde cuadrado de 30 × 20 cm. Ponga
la masa en el molde presionándola ligeramente y cuézala
en el horno precalentado, a 180 °C, durante 20 minutos, hasta
que esté firme al tacto.

Caliente la leche condensada, el azúcar y la mantequilla
en una cacerola antiadherente, sin parar de remover, durante
unos 15 minutos o hasta que la mezcla se espese. Viértala
sobre la mantecada de chocolate, alísela y deje enfriar.

Funda el chocolate blanco en un recipiente al baño María
(*véase* pág. 10) y viértalo sobre el caramelo. Deje enfriar la
mantecada a temperatura ambiente y córtela en 20 porciones.

Para preparar mantecada de chocolate negro, prescinda
de los ingredientes del caramelo y prepare una base con
125 g de harina, 75 g de arroz molido, 50 g de cacao,
75 g de azúcar mascabado claro y 175 g de mantequilla.
Coloque la masa en un molde redondo de 20 cm. Trace
8 triángulos, marque los bordes con un tenedor para decorar
y cueza el pastel tal como se indica en la receta. Espolvoree
con azúcar rubio extrafino antes de servir.

crêpes de chocolate

4 raciones
tiempo de preparación
   5 minutos
tiempo de cocción **10 minutos**

100 g de **harina**, tamizada
1 cucharada de **cacao**
   en polvo
1 **huevo**
300 ml de **leche**
aceite de girasol, para freír
1 **barrita de chocolate**
   y panal de miel, troceada
75 g de **mantequilla**
75 g de **azúcar rubio extrafino**
la **ralladura** de 1 **naranja**
4 cucharadas de **zumo**
   de naranja

Ponga la harina, el cacao en polvo, el huevo y la leche en la batidora y bata los ingredientes hasta obtener una masa homogénea. Viera la masa en una jarra y caliente el aceite en una sartén antiadherente de 23 cm. Añada 100 ml de masa a la sartén, moviéndola para que cubra completamente la base.

Cueza la *crêpe* durante 1-2 minutos, hasta que empiece a dorarse por el lado inferior, voltéela y fría el otro lado. Pásela a un plato y repita la operación 3 veces más para hacer 4 *crêpes*. Ponga una hoja de papel de horno antiadherente entre cada *crêpe*.

Ponga unos cuantos pedazos de la barrita de chocolate y panal de miel en el centro de cada *crêpe* y dóblelas por los 4 lados para hacer un rectángulo.

Caliente la mantequilla y el azúcar en la sartén y, cuando el azúcar esté disuelto, añada la ralladura de naranja y el zumo. Añada las *crêpes* a la sartén y caliéntelas durante 3 minutos. Sirva las *crêpes* bañadas en la salsa de naranja.

Para preparar *crêpes* de helado con chocolate, prepare las *crêpes* tal como se indica en la receta, pero rellénelas con una bola de helado de caramelo en lugar de los pedazos de barrita de chocolate. Prescinda de la salsa de naranja y caliente 2 barritas de chocolate y caramelo troceadas a fuego muy lento en una cacerola pequeña de base gruesa. Cuando el chocolate esté fundido, remuévalo bien y sírvalo junto a las *crêpes*.

muffins de chocolate

para **12** *muffins*
tiempo de preparación
   15 minutos
tiempo de cocción **25 minutos**

375 g de **harina con levadura**
25 g **cacao en polvo**
200 g de **azúcar rubio extrafino**
2 **huevos** grandes
150 ml de **aceite de girasol**
150 ml de **leche**
1 cucharadita **extracto**
   de vainilla
12 cucharaditas de **crema**
   de chocolate para untar
   envasada o **crema de**
   chocolate y avellanas para
   untar casera (*véase* pág. 128)

Tamice la harina y el cacao en polvo sobre un cuenco y añada el azúcar; remueva la mezcla.

Combine los huevos, el aceite de girasol, la leche y el extracto de vainilla en una jarra con la ayuda de un tenedor. Vierta los ingredientes húmedos sobre los secos y remueva unas cuantas veces hasta que los ingredientes empiecen a combinarse.

Ponga moldes de papel en un molde para magdalenas con 12 huecos. Llene los moldes hasta la mitad con la mezcla, añada 1 cucharadita de crema de chocolate a cada molde y termine de llenarlos con la mezcla.

Cueza los *muffins* en el horno precalentado, a 190 °C, durante 25 minutos o hasta que los *muffins* hayan subido y estén esponjosos al tacto.

Para preparar *muffins* de chocolate y naranja, sustituya el cacao por 25 g de harina de maíz. Prescinda del extracto de vainilla, añada la ralladura de 1 naranja y 1 cucharada de mosto; continúe la receta tal como se indica en la receta. Cuando los *muffins* estén cocidos, pinte la parte superior con 25 g de mantequilla derretida y espolvoréelos con azúcar rubio extrafino.

anillos de arroz inflado con chocolate

para **10 anillos**
tiempo de preparación
  10 minutos
tiempo de cocción **5 minutos**

150 g de **toffees** blandos
2 cucharadas de **cacao en polvo**
50 g de **mantequilla**
200 g de **marshmallows**
175 g de **arroz inflado**
  (*rice crispies*)

Ponga los *toffees* en un cuenco grande para microondas con el cacao en polvo y la mantequilla. Caliéntelos durante 3 minutos a potencia máxima (900 watts). Retire el cuenco del microondas con guantes de horno. Como alternativa, funda los *toffees* con el cacao en polvo y la mantequilla en una cacerola a fuego lento. Remueva la mezcla con una cuchara de madera y añada los *marshmallows* (no hace falta que vuelva a remover tras añadirlos).

Vuelva a calentar la mezcla en el microondas (a 900 watts) o en la cacerola durante 1 minuto y remueva vigorosamente para que los ingredientes se mezclen bien. Añada $^1/_3$ del arroz inflado y remueva la mezcla. Añada el resto del arroz en dos tandas; remueva bien cada vez.

Engrase un molde en forma de anillo de 10 cm. Tome un puñado de la mezcla de arroz y póngalo en el molde para obtener la forma del anillo. Presiónelo firmemente con la palma de la mano y voltee el molde para sacar el anillo de arroz. Coloque el anillo sobre una hoja de papel de horno antiadherente. Repita la misma operación con el resto de la mezcla hasta obtener 10 anillos. Para decorar, coloque un lacito blanco sobre cada anillo (opcional). Deje que se endurezcan antes de servirlos.

Para preparar barritas de arroz inflado con chocolate blanco, prescinda del cacao en polvo y combine el resto de ingredientes tal como se indica en la receta. Vierta la mezcla en un molde rectangular de 17 × 28 cm. Funda 100 g de chocolate blanco (*véase* pág. 10) y viértalo por encima de la mezcla de arroz. Deje que el conjunto se endurezca y corte el arroz en barritas antes de servirlo.

roscón de plátano y chocolate

12 raciones
tiempo de preparación
20 minutos, más tiempo
de enfriado
tiempo de cocción **1 hora**

200 g de **chocolate negro**
175 g de **mantequilla**
250 g de **harina con levadura**,
tamizada
1 cucharadita de **levadura**
150 g de **azúcar mascabado
claro**
la ralladura de 1 **limón**
3 **huevos**
150 g de **chocolate blanco**,
troceado
3 **plátanos** pequeños,
machacados
200 g de **chocolate blanco**,
troceado
125 g de **pepitas de chocolate
blanco**

Funda el chocolate con 25 g de mantequilla en un recipiente al baño María (*véase* pág. 10).

Corte el resto de la mantequilla en cubos pequeños, mézclala con la harina y la levadura en un robot de cocina hasta que forme migas. Añada el azúcar, la ralladura de limón, los huevos, el chocolate blanco y los plátanos. Bata la mezcla hasta que todos los ingredientes estén bien incorporados.

Engrase un molde para roscón de 1,8 l. Forre la base y los lados con papel de horno antiadherente. Vierta $1/4$ de la mezcla en la base y añada $1/3$ del chocolate fundido por encima. Siga formando capas de masa y de chocolate. Termine con la masa del pastel.

Meta el pastel en el horno precalentado, a 180 °C, durante 50-60 minutos, hasta que tenga una consistencia firme al presionarlo; déjelo en el molde 10 minutos. Separe los bordes con un cuchillo y páselo a una rejilla para que se enfríe.

Funda el chocolate blanco en un recipiente al baño María. Rocíelo sobre el pastel. Decore el roscón con las pepitas de chocolate blanco.

Para preparar un roscón de plátano, chocolate y pacanas, sustituya el chocolate blanco del pastel por 150 g de chocolate con leche y la ralladura de limón por 50 g de pacanas picadas. En lugar de cubrir el pastel de chocolate blanco, prepare un *ganache*. Lleve 150 ml de nata para montar a ebullición en una cacerola pequeña, retírela del fuego y añádale 200 g de chocolate negro troceado. Remueva para fundir el chocolate y obtener una salsa homogénea y espesa. Viértala sobre el pastel decorado con mitades de pacana.

magdalenas de chocolate blanco y coco

para **24 magdalenas**
tiempo de preparación
   15 minutos
tiempo de cocción **8 minutos**

150 g de **harina con levadura**
½ cucharadita de **bicarbonato de sodio**
75 g de **azúcar rubio extrafino**
50 g de **coco rallado endulzado**
50 g de **pepitas de chocolate blanco**
150 ml de **yogur de vainilla**
1 **huevo**
4 cucharadas de **aceite de girasol**

para la **decoración**
3 cucharadas de **mermelada de fresa**
3 cucharadas de **coco rallado endulzado**

Tamice la harina y el bicarbonato de sodio sobre un cuenco. Añada el azúcar, el coco y las pepitas de chocolate blanco.

Mezcle el yogur, el huevo y el aceite de girasol en una jarra con la ayuda de un tenedor. Vierta los ingredientes húmedos sobre los secos y mezcle el conjunto.

Coloque 24 moldes de papel para magdalenas pequeñas dentro de 24 moldes para magdalenas pequeñas. Vierta la mezcla en los moldes y métalos en el horno precalentado, a 190 °C, durante 6-8 minutos, hasta que las magdalenas hayan subido y tengan una consistencia firme.

Pinte las magdalenas con la mermelada de fresa mientras todavía estén calientes y espolvoree el coco rallado por encima.

Para preparar magdalenas nevadas de coco, decórelas cuando se hayan enfriado, con 100 g de chocolate blanco fundido. Sustituya el coco rallado por 3 cucharadas de pepitas de chocolate blanco para decorar.

pastas de chocolate y cerezas

para **12 pastas**
tiempo de preparación
15 minutos, más tiempo
de enfriado
tiempo de cocción **25 minutos**

175 g de **mantequilla**
150 g de **almendras molidas**
150 g de **azúcar extrafino**
40 g de **harina**
4 **claras de huevo**
100 g de **chocolate negro**,
rallado grueso
425 g de **cerezas rojas**
o **picotas** en almíbar,
deshuesadas y escurridas
azúcar lustre para espolvorear

Derrita la mantequilla y deje que se enfríe un poco.

Mezcle las almendras, el azúcar y la harina en un cuenco.
Añada las claras de huevo, la mantequilla derretida
y el chocolate, y mezcle bien los ingredientes.

Engrase ligeramente un molde para magdalenas con
12 agujeros. Vierta la mezcla en los agujeros y coloque
3 cerezas sobre cada pasta.

Cueza las pastas en el horno precalentado, a 200 °C,
durante aproximadamente 20 minutos, hasta que hayan
subido, estén doradas y firmes en el centro. Deje reposar
las pastas en el molde durante 10 minutos y páselas
a una rejilla para que se enfríen.

Espolvoree las pastas con azúcar lustre antes de servirlas.

Para preparar pastas de chocolate, nueces y pera,
sustituya las almendras molidas por 150 g de nueces
picadas en un robot de cocina. Corte en rodajas finas
el contenido de una lata de 425 g de peras y coloque
las rodajas sobre las pastas (en lugar de las cerezas)
antes de meterlas en el horno. Siga las instrucciones
que se indican en la receta.

tarta de cumpleaños helada

12 raciones
tiempo de preparación
20 minutos, más tiempo
de congelado

1,5 l de **helado de *brownie*
de chocolate**
500 ml de **helado de tarta
de queso con fresas**
virutas de chocolate con leche
(*véase* pág. 12)

Saque el helado del congelador para que se ablande un poco. Forre un molde desmontable de 23 cm con papel de horno antiadherente. Vierta ²/₃ del helado de chocolate en el molde y distribúyalo de manera uniforme con la ayuda de una espátula.

Añada el helado de fresa de la misma forma y termine el pastel con el resto del helado de chocolate. Coloque el molde en una superficie plana del congelador.

Saque la tarta de helado del congelador antes de que empiece la fiesta y colóquela en una fuente para servir. Decórela con virutas de chocolate. Vuélvala a meter en el congelador hasta el momento de servirla. Si lo desea, ponga algunas velas antes de servirla.

Para preparar tarta de cumpleaños de helado napolitano, cree 3 capas de helado dentro del molde con 500 m de helado de vainilla, 500 ml de helado de tarta de queso con fresas y 500 ml de helado de *brownie* de chocolate. Decore la tarta con virutas de chocolate y 12 fresas enteras y consérvela en el congelador tal como se indica en la receta.

cookies gigantes de pepitas de chocolate y bayas

para **8 cookies**
tiempo de preparación
15 minutos, más tiempo
de enfriado
tiempo de cocción **15 minutos**

125 g de **mantequilla**
125 g de **azúcar mascabado claro**
2 **huevos**, ligeramente batidos
2 cucharaditas de **extracto de vainilla**
225 g de **harina integral con levadura**
25 g de **cacao en polvo**
75 g de **grosellas secas**
100 g de **chocolate blanco**, troceado
8 **mitades de nuez** o de **pacana**

Mezcle la mantequilla y el azúcar en un cuenco con una cuchara de madera hasta obtener una textura blanda y esponjosa. Añada los huevos gradualmente y el extracto de vainilla. Bata el conjunto.

Tamice la harina y el cacao en polvo y añada las grosellas y el chocolate. Amase la masa ligeramente con las manos. Envuélvala en film transparente y póngala a enfriar en la nevera durante al menos 30 minutos.

Cubra 2 bandejas de horno con papel de horno antiadherente. Haga 8 bolas con la mezcla y póngalas, bien separadas entre ellas, sobre el papel. Aplane las bolas con la palma de la mano y coloque una mitad de nuez o de pacana sobre cada *cookie*.

Cueza las *cookies* en el horno precalentado, a 180 °C, durante 15 minutos, hasta que empiecen a endurecerse. Déjelas reposar en la bandeja durante 5 minutos para que se endurezcan un poco más y sírvalas mientras aún estén calientes. Como alternativa, déjelas enfriar sobre una rejilla y guárdelas en un recipiente hermético.

Para preparar *cookies* de chocolate, vainilla y arándanos, bata la mantequilla, el azúcar, los huevos y el extracto de vainilla tal como se indica en la receta; añada a la mezcla 275 g de harina integral con levadura tamizada y 75 g de arándanos secos. Mezcle la masa y póngala a enfriar antes de dar forma a las *cookies* y meterlas en el horno (según las instrucciones de la receta anterior). Prescinda de las nueces o pacanas.

barritas de copos de maíz con chocolate

para **12 barritas**
tiempo de preparación
 10 minutos, más tiempo
 de enfriado
tiempo de cocción **3 minutos**

200 g de **chocolate con leche**,
 troceado
2 cucharadas de **melaza
 de caña** («golden syrup»)
50 g de **mantequilla de aceite
 de oliva**
125 g de **copos de maíz**

Funda el chocolate con la melaza de caña y la mantequilla de aceite de oliva en un recipiente al baño María (*véase* pág. 10).

Añada los copos de maíz y remueva bien la mezcla.

Engrase un molde rectangular de 28 × 18 cm. Vierta la mezcla en el molde, póngala a enfriar en la nevera hasta que se endurezca y divídala en 12 barritas.

Para preparar pasteles crujientes de muesli y albaricoque, sustituya los copos de maíz por 125 g de muesli y 50 g de orejones troceados. Añada estos ingredientes a la mezcla de chocolate, vierta el conjunto en 12 moldes de papel y póngalos a enfriar en la nevera hasta que la mezcla se endurezca.

merenguitos de chocolate

para **6 merengues**
tiempo de preparación
15 minutos
tiempo de cocción **1 hora
y 15 minutos**

3 **claras de huevo**
75 g de **azúcar rubio extrafino**
75 g de **azúcar mascabado
claro**
75 g de **chocolate con leche**,
rallado

Bata las claras de huevo en un cuenco limpio hasta que formen picos espesos. Añada el azúcar rubio extrafino cucharada a cucharada, sin dejar de batir, y luego el azúcar mascabado de la misma forma. Añada el chocolate.

Cubra dos bandejas de horno con papel de horno antiadherente. Vierta varias cucharadas de la mezcla de merengue en las bandejas.

Cueza los merengues en el horno precalentado, a 140 °C, durante 1 hora y 15 minutos. Apague el horno y deje los merengues dentro durante 30 minutos más. Los merenguitos van muy bien con la *fondue* a los tres chocolates (*véase* pág. 234) acompañados de fresas.

Para preparar un pastelito de merengue con chocolate, elabore el merengue tal como se indica en la receta, pero utilice 150 g de azúcar rubio extrafino en lugar de la mezcla de azúcar rubio extrafino y azúcar mascabado claro. Añada 75 g de chocolate blanco en lugar del chocolate con leche. Vierta la mezcla a cucharadas en la bandeja de horno y aplane las cucharas para formar discos finos. Cueza los merengues tal como se indica en la receta anterior. Sírvalos por pares con 1 cucharadita de mermelada de fresa, 1 cucharadita de yogur griego y 2 rodajas de melocotón fresco.

helado napolitano

8 raciones

tiempo de preparación
20 minutos, más tiempo
de reposo y de congelado
tiempo de cocción **5 minutos**

225 g de **frambuesas**
175 g de **azúcar extrafino**
150 ml de **agua**
200 g de **chocolate negro**
600 ml de **nata para montar**

Pase las frambuesas por un colador para obtener un puré. Caliente el azúcar y el agua en una cacerola hasta que el azúcar se disuelva. Lleve a ebullición y hierva durante 2 minutos, hasta obtener un jarabe. Deje reposar.

Funda el chocolate con 150 ml de nata en un recipiente al baño María (*véase* pág. 10). Remueva hasta obtener una mezcla homogénea y deje que se enfríe un poco. Monte el resto de la nata junto al jarabe hasta que la mezcla empiece a formar picos.

Vierta la mitad de la mezcla de nata y jarabe en otro cuenco y añádale el puré de frambuesas. Vierta la mezcla de chocolate en el resto de la mezcla de nata y jarabe y remueva un poco el conjunto hasta obtener un aspecto marmolado.

Ponga cucharadas alternas de las mezclas de frambuesa y de chocolate en un recipiente para congelador. Con la ayuda de una cuchara metálica grande, remueva los ingredientes 2 o 3 veces hasta que estén ligeramente mezclados. Consérvelos en el congelador durante toda la noche, hasta que el helado se haya endurecido.

Pase el helado a la nevera 30 minutos antes de servirlo. Sírvalo en bolas dentro de cuencos pequeños.

Para preparar helado de yogur y fresas, procese 225 g de fresas en una batidora hasta obtener un puré homogéneo. Funda el chocolate con 150 ml de nata para montar y añádalo a 300 ml de yogur griego. Ponga cucharadas del puré de fresas y de la mezcla de chocolate y yogur en un recipiente para congelador, remueva la mezcla ligeramente y déjela en el congelador, tal como se indica en la receta.

brownies de chocolate con frutos secos

para **15 brownies**
tiempo de preparación
10 minutos, más tiempo
de enfriado
tiempo de cocción **30 minutos**

75 g de **chocolate negro**
100 g de **mantequilla**
200 g de **azúcar moreno claro**
2 **huevos**, batidos
unas gotas de **extracto
de vainilla**
50 g de **almendras molidas**
25 g de **harina de maíz**
o polenta
150 g de **frutos secos** variados,
tostados y troceados
helado, para servir (opcional)

Funda el chocolate con la mantequilla en un recipiente al baño María (*véase* pág. 10).

Añada el resto de los ingredientes y remueva bien la mezcla.

Engrase y forre un molde rectangular de 18 × 28 cm. Vierta la mezcla en el molde y cuézala en el horno precalentado, a 180 °C, durante 30 minutos, hasta que esté ligeramente elástico en el centro.

Saque el pastel del horno y déjelo enfriar durante 10 minutos en el molde. Córtelo en 15 porciones. Si lo desea, sírvalo con helado.

Para preparar salsa de café para servir con los *brownies*, caliente 300 ml de leche y 300 ml de nata con 75 g de café soluble granulado y lleve a ebullición. Bata 4 yemas de huevo y 75 g de azúcar rubio extrafino en un cuenco hasta obtener una consistencia espesa y cremosa. Vierta lentamente la leche sobre la mezcla, sin dejar de batir. Pase la mezcla a la cacerola y remueva ligeramente, a fuego lento, hasta que la mezcla se espese y cubra el reverso de una cuchara. Cuele la salsa y sírvala caliente o fría.

golosinas
y regalos

trufas de licor

para **12 trufas**
tiempo de preparación
   50 minutos, más tiempo
   de enfriado
tiempo de cocción **2 minutos**

200 g de **chocolate negro**
150 ml de **nata para montar**
25 g de **mantequilla**
1 cucharada de **licor de crema**
1 cucharada de **licor de café**
12 **bolitas de chocolate**
300 g de **chocolate con leche**

Funda el chocolate negro en un recipiente al baño María (*véase* pág. 10). Lleve la nata a ebullición y retírela del fuego. Añada la mantequilla al chocolate fundido y remueva hasta que los ingredientes se mezclen. Añada la nata al chocolate y remueva.

Divida el chocolate fundido en dos recipientes herméticos. Agregue el licor de crema a un recipiente y el licor de café al otro y remueva bien ambas mezclas. Póngalos a enfriar en la nevera durante al menos 2 horas, hasta que el chocolate se endurezca.

Utilice una cuchara para hacer bolitas de melón o 2 cucharillas para formar 6 trufas de licor de crema. Colóquelas sobre una bandeja de horno cubierta con papel de horno antiadherente. Repita la operación con las trufas de licor de café.

Funda el chocolate con leche en un recipiente al baño María. Remuévalo bien y, mientras sostiene una trufa con un tenedor sobre el recipiente; con una cuchara vierta el chocolate con leche por encima para cubrirlo. Coloque cada trufa en una bandeja de horno antiadherente sobre un pedazo de papel encerado. Coloque una bolita de chocolate sobre cada trufa presionándola un poco.

Deje reposar las trufas durante al menos 1 hora, hasta que la cobertura se endurezca. Ponga cada trufa en un molde de papel y guárdelas en una caja de regalo o una lata.

Para preparar trufas de chocolate blanco y licor, utilice 200 g de chocolate blanco en lugar del chocolate negro para elaborar las trufas. Funda 200 g de cobertura para pasteles de chocolate blanco con 100 g de onzas de chocolate blanco en un recipiente al baño María, y utilice la mezcla de chocolate blanco para cubrir las trufas tal como se indica en la receta.

trufas de chocolate doble

para **12 trufas**
tiempo de preparación
45 minutos, más tiempo
de enfriado
tiempo de cocción **8 minutos**

250 ml de **nata para montar**
200 g de **chocolate negro**
3-4 cucharadas de **brandy** o **ron**
2 cucharadas de **cacao en
polvo**, tamizado
200 g de **chocolate negro**
violetas cristalizadas

Vierta la nata en una cacerola pequeña y llévela a ebullición. Retire la cacerola del fuego y añada 200 g de chocolate negro. Déjela reposar hasta que el chocolate se funda, y entonces añada el brandy o el ron y remueva la mezcla hasta obtener una consistencia homogénea. Ponga a enfriar la mezcla en la nevera durante 4 horas, hasta que el chocolate se endurezca.

Cubra una bandeja para horno con papel encerado y espolvoréelo con cacao en polvo. Saque un poco de mezcla de chocolate con una cucharilla, pásela a otra cucharilla y otra vez a la primera para crear una forma ovalada (también puede utilizar una cuchara para hacer bolitas de melón). Pase la trufa por el papel cubierto de cacao en polvo. Repita la operación hasta terminar la mezcla. Vuelva a poner a enfriar las trufas durante 2 horas o, si es posible, durante toda la noche, hasta que se endurezcan.

Funda 200 g de chocolate negro en un recipiente al baño María (*véase* pág. 10). Remuévalo bien y, mientras sostiene una trufa con un tenedor sobre el recipiente, vierta el chocolate por encima con una cuchara para cubrirla. Coloque cada trufa en una bandeja de horno antiadherente sobre un pedazo de papel encerado. Rocíe un poco de chocolate desde una cuchara sobre cada trufa y termine con una violeta cristalizada sobre cada una.

Ponga a enfriar en la nevera, durante al menos 1 hora, coloque cada trufa en un molde de papel.

Para preparar trufas con menta, añada 3-4 cucharadas de licor de menta a la mezcla de chocolate en lugar del brandy o el ron. Cubra las trufas tal como se explica en la receta, pero utilice 200 g de chocolate con leche fundido en lugar del chocolate negro.

dulces de *cookies* y crema

para **36 piezas**
tiempo de preparación
  10 minutos, más tiempo
  de enfriado
tiempo de cocción **15 minutos**

125 g de **mantequilla**
200 ml de **leche evaporada**
450 g de **azúcar rubio extrafino**
50 ml de **agua**
2 cucharaditas de **extracto
  de vainilla**
75 g de **chocolate negro**,
  troceado
1 cucharadita de **aceite vegetal**
8 **galletas Oreo** o **galletas
  bourbon**, troceadas

Caliente la mantequilla, la leche evaporada, el azúcar extrafino, el extracto de vainilla y el agua a fuego lento en una cacerola de base gruesa; remueva hasta que el azúcar se disuelva. Lleve la mezcla a ebullición.

Hierva durante 10 minutos, sin dejar de remover (para saber si está lista, vierta ½ cucharadita de la mezcla en un vaso de agua fría; debe formar una bola blanda). Vierta rápidamente la mitad de la mezcla en una jarra antitérmica. añada el chocolate a la cacerola y remueva hasta que se funda.

Engrase un molde rectangular y hondo con el aceite vegetal. Vierta la mitad de la mezcla de chocolate en la base del molde y esparza con cuidado la mitad de las galletas troceadas. Vierta la mezcla de vainilla y añada el resto de galletas. Termine con una capa de mezcla de chocolate. Deje reposar la masa dentro del molde, cúbrala con film transparente y póngala a enfriar en la nevera durante toda la noche.

Saque la masa del molde, colóquela sobre una tabla y córtela en trozos.

Para preparar dulces de chocolate y naranja, elabore las mezclas tal como se indica en la receta, pero mezcle 75 g de chocolate negro con naranja, una pizca de canela molida y un poco de nuez moscada molida en lugar del chocolate negro normal. Sustituya las galletas Oreo o las galletas bourbon por galletas de chocolate y naranja. Esparza las galletas sobre la primera capa de mezcla.

bolitas de *rocky road*

para **28 bolitas**
tiempo de preparación
  40 minutos, más tiempo
  de enfriado y endurecido
tiempo de cocción **10 minutos**

150 g de **frutos secos enteros
  variados** (anacardos,
  avellanas, pistachos, etc.)
300 g de **chocolate negro**
15 g de **mantequilla**
2 cucharadas de **azúcar
  lustre rubio**
2 cucharadas de **nata
  para montar**

Tueste los frutos secos en una bandeja de horno cubierta
de papel de aluminio en el grill del horno precalentado durante
3-4 minutos, hasta que se doren. Deje que se enfríen un poco
y trocéelos.

Funda 75 g de chocolate en un recipiente al baño María
(*véase* pág. 10). Añada la mantequilla, el azúcar y la nata al
chocolate y remueva hasta obtener una pasta suave y brillante.
Añada todos los frutos secos menos 2 cucharadas. Vierta
la mezcla a cucharadas en una bandeja de horno cubierta de
papel de horno antiadherente. Póngala a enfriar en la nevera
durante 2-3 horas, hasta que el chocolate se endurezca.

Funda el resto del chocolate. Mientras sostiene una bolita
con un tenedor sobre el recipiente, vierta el chocolate por
encima con una cucharilla para cubrirla. Cuando el chocolate
deje de gotear, vuelva a colocar la bolita en la bandeja de horno
y repita la operación con el resto de las bolitas.

Coloque las bolitas en un lugar fresco y deje que se endurezcan
durante al menos 1 hora. Espolvoréelas con los frutos secos
reservados. Colóquelas en moldes de papel para servir.

Para preparar rocas de chocolate blanco, tueste sólo
125 g de frutos secos. Funda 75 g de chocolate blanco
y añádale la mantequilla, el azúcar lustre, la nata y los frutos
secos tostados tal como se indica en la receta. Vierta la mezcla
a cucharadas en una bandeja de horno, ponga la bandeja a
enfriar y espolvoree los dulces con 2 cucharadas de azúcar
lustre rubio tamizado para servir.

corazones de
chocolate blanco con menta

para **8 corazones**

tiempo de preparación
  10 minutos, más tiempo
  de enfriado

tiempo de cocción **2 minutos**

200 g de **chocolate blanco**
½ cucharadita de **extracto
  de menta**

Funda el chocolate en un recipiente al baño María
(*véase* pág. 10) hasta que empiece a ablandarse.
Añada el extracto de menta y remueva bien el chocolate.

Vierta el chocolate en 8 huecos de una cubitera flexible con
moldes en forma de corazón. Coloque la cubitera en la nevera
y deje que el chocolate se enfríe durante al menos 1 hora.

Cubra una bandeja de horno con papel antiadherente.
Voltee la cubitera y presione la base de cada corazón
para que los bombones caigan en la bandeja.

**Para preparar corazones de chocolate con leche, naranja
y especias**, funda 200 g de chocolate con leche en lugar
del chocolate blanco. Prescinda del extracto de menta
y añada ½ cucharadita de especias molidas junto a
2 cucharaditas de ralladura de naranja. Ponga el chocolate
a enfriar en una cubitera tal como se indica en la receta.

bombones borrachos con jengibre

para **12 bombones**
tiempo de preparación
20 minutos, más tiempo
de enfriado
tiempo de cocción **50 minutos**

3 piezas de **jengibre confitado**,
escurridas
1 cucharada de licor **Southern
Comfort**
200 g de **chocolate negro**,
con naranja y especias

Limpie una cubitera con al menos 12 huecos con un papel
de cocina, y póngala en el congelador.

Corte en cuatro las piezas de jengibre confitado y colóquelas
en un cuenco pequeño con el licor Southern Comfort.

Funda el chocolate en un recipiente al baño María (*véase*
pág. 10). Llene los huecos de la cubitera de chocolate hasta
la mitad. Añada un trozo de jengibre macerado en cada hueco
y vierta el resto de chocolate fundido por encima. Vuelva a poner
la cubitera en el congelador durante 30 minutos.

Saque los bombones de la cubitera y colóquelos sobre
un papel encerado para servirlos. Como alternativa, déjelos
enfriar en la nevera hasta el momento de servirlos.

Para preparar bombones borrachos de menta, sustituya
las piezas de jengibre confitado por un puñado de hojas
de menta, y el licor Southern Comfort por 1 cucharada de
brandy. Coloque una hoja de menta pequeña en la base
de cada hueco de la cubitera; córtela si es necesario.
Añada 1 cucharada de menta picada al chocolate fundido
y el brandy.

corazones glaseados
de jengibre y chocolate

para **24 corazones**
tiempo de preparación
  30 minutos, más tiempo
  de enfriado
tiempo de cocción **15 minutos**

125 g de **mantequilla**
125 g de **azúcar extrafino**
1 **huevo**
125 g de **melaza negra**
400 g de **harina con levadura**
2 cucharaditas de **jengibre
  molido**

para la **decoración**
200 g de **chocolate negro**
200 g de **chocolate con leche**
12 **botones de chocolate
  blanco**

Bata la mantequilla con el azúcar hasta obtener una pasta pálida y cremosa. Añada el huevo y la melaza. Tamice la harina y el jengibre sobre el cuenco y mezcle todos los ingredientes hasta obtener una masa firme. Amásela ligeramente y póngala a enfriar durante 30 minutos.

Engrase ligeramente 2 bandejas de horno. Estire la masa hasta que tenga 10 cm de grosor y córtela con un molde para galletas con forma de corazón. Vuelva a amasar la pasta sobrante para hacer más galletas. Cuézalas en el horno precalentado, a 180 °C, durante unos 10 minutos, hasta que empiecen a subir. Pase las galletas a una rejilla y deje que se enfríen.

Funda el chocolate negro y el chocolate con leche en recipientes separados al baño María. Con una cucharilla, vierta el chocolate negro sobre la mitad de las galletas; reserve un poco para decorar. Coloque un botón de chocolate blanco en el centro de la mitad de las galletas cubiertas de chocolate. Cubra el resto con el chocolate con leche; reserve un poco y vuelva a colocar un botón de chocolate blanco en la mitad de las galletas cubiertas.

Ponga el chocolate con leche reservado en una manga pastelera y con una boquilla pequeña trace líneas onduladas sobre las galletas cubiertas de chocolate negro. Utilice el chocolate negro reservado para decorar las galletas cubiertas de chocolate con leche. Deje que el chocolate se endurezca.

Para preparar estrellas de canela glaseadas, sustituya el jengibre molido por 2 cucharaditas de canela molida. Estire la masa tal como se indica en la receta y corte las galletas con un molde en forma de estrella. Mezcle 125 g de azúcar lustre con 2 cucharadas de agua, espolvoree las galletas con el azúcar y decórelas con botones de chocolate con leche.

besos de chocolate

para **25 galletas**
tiempo de preparación
  15 minutos, más tiempo
  de enfriado
tiempo de cocción **15 minutos**

2 **claras** de huevos grandes
¼ de cucharadita de **crémor
  tártaro**
225 g de **azúcar extrafino**
4 cucharadas de **cacao
  en polvo**, tamizado
150 g de **almendras molidas**
1 cucharadita de **extracto
  de almendra**
café expreso, para servir

para el **relleno**
100 g de **chocolate negro**,
  troceado
125 ml de **nata para montar**

Bata las claras de huevo y el crémor tártaro en un cuenco limpio, hasta que las claras estén firmes, y añada el azúcar, cucharada a cucharada, sin dejar de batir, hasta que la mezcla se espese. Añada el cacao en polvo, las almendras y el extracto de almendra y mezcle todos los ingredientes con una cuchara metálica hasta obtener una pasta homogénea.

Vierta la mezcla en una manga pastelera con una boquilla de estrella ancha y forme redondeles de 2,5 cm sobre dos bandejas de horno grandes cubiertas de papel de horno (debería obtener 40-50 redondeles, en función del tamaño de éstos).

Cueza las galletas en el horno precalentado, a 150 °C, durante 15 minutos, hasta que empiecen a endurecerse. Retire las galletas del horno y deje que se enfríen completamente sobre las bandejas.

Funda el chocolate con la nata en un recipiente al baño María (*véase* pág. 10). Déjelo reposar y póngalo a enfriar durante 30 minutos. Bata la mezcla de chocolate hasta obtener una consistencia espesa y esponjosa; una pares de galletas con esta mezcla para formar los besos. Sirva las galletas con café expreso.

Para preparar besos de café y crema de limón, sustituya 2 de las cucharadas de cacao en polvo por 2 cucharadas de café expreso molido y mezcle los ingredientes como se indica en la receta. Coloque 50 g de almendras laminadas sobre las galletas antes de hornearlas. Prescinda de la crema de chocolate y utilice 5 cucharadas de crema de limón mezclada con 150 ml de nata como relleno.

tronquitos de chocolate

para **6 tronquitos**
tiempo de preparación
20 minutos
tiempo de cocción **10 minutos**

3 **huevos**
125 g de **azúcar rubio
extrafino**, y 2 cucharadas
más para espolvorear
100 g de **harina**
25 g de **cacao en polvo**
1 cucharada de **agua caliente**
6 cucharadas de **crema
de chocolate para untar**
envasada o **crema de
chocolate y avellanas**
casera (*véase* pág. 128)

Bata los huevos con el azúcar durante 10 minutos hasta
obtener una consistencia espesa. Tamice la harina y el
cacao sobre los huevos y mezcle los ingredientes suavemente,
junto al agua caliente.

Engrase un molde poco profundo de 22 × 23 m y cúbralo
con papel de horno antiadherente. Vierta la mezcla en el
molde y cuézala en el horno precalentado, a 220 °C, durante
8-10 minutos, hasta que suba y empiece a estar firme.

Espolvoree azúcar sobre una hoja grande de papel de horno
antiadherente. Ponga el pastel sobre el papel. Retire el papel
del pastel con cuidado. Utilice un cuchillo afilado para cortar
los bordes secos.

Divida el pastel por la mitad para obtener 2 tiras largas,
y corte cada tira en 3 partes, junto con el papel de horno
antiadherente; utilice una regla para asegurarse de que todas
las tiras tienen la misma anchura. Unte cada porción de pastel
con 1 cucharada de crema de chocolate. Enrolle todas las
porciones y retírelas del papel de horno.

Para preparar tronquitos de vainilla y chocolate, bata
los huevos y el azúcar con 1 cucharadita de extracto de
vainilla; añada la harina, 25 g de harina de maíz (en lugar
del cacao en polvo) y el agua caliente. Cueza el pastel,
córtelo, rellénelo con crema de chocolate y enróllelo
tal como se indica en la receta. Para decorar, funda 75 g
de chocolate blanco en un recipiente al baño María y rocíelo
sobre los tronquitos.

magdalenas de chocolate

para **12 magdalenas**

tiempo de preparación
10 minutos, más tiempo
de enfriado

tiempo de cocción
18-20 minutos

tiempo de decoración
20 minutos

150 g de **mantequilla**
o **margarina**
150 g **azúcar extrafino**
175 g de **harina con levadura**
3 **huevos**
1 cucharadita de **extracto
de vainilla**

para la **decoración**
100 g de **chocolate blanco**,
troceado
100 g de **chocolate con leche**,
troceado
100 g de **chocolate negro**,
troceado
40 g de **mantequilla**
cacao en polvo,
para espolvorear

Bata la mantequilla o margarina junto al azúcar, la harina, los huevos y el extracto de vainilla hasta obtener una pasta ligera y cremosa.

Coloque 12 moldes de papel en una bandeja para magdalenas con 12 secciones. Divida la mezcla entre todos los moldes y cueza las magdalenas en el horno precalentado, a 180°C, durante 18-20 minutos, hasta que hayan subido y estén firmes al tacto. Colóquelas sobre una rejilla para que se enfríen.

Funda al baño María (*véase* pág. 10) el chocolate negro, el chocolate blanco y el chocolate con leche en 3 recipientes separados con $^1/_3$ de la mantequilla en cada uno. Unte 4 magdalenas con el chocolate blanco y espolvoree un poco de cacao en polvo por encima.

Ponga 2 cucharadas de chocolate con leche fundido y 2 cucharadas de chocolate negro fundido en 2 mangas pasteleras con boquillas pequeñas. Unte 4 magdalenas más con chocolate con leche y forme lunares con la manga pastelera de chocolate negro. Unte las 4 magdalenas restantes con chocolate negro y trace líneas con la manga pastelera de chocolate con leche.

Para preparar magdalena a los tres chocolates, sustituya 15 g de cacao en polvo por 15 g de harina con levadura y añada 50 g de chocolate blanco troceado. Prepare la mezcla y cuézala tal como se indica en la receta. Decore las magdalenas con un glaseado de chocolate blanco hecho fundiendo 250 g de chocolate blanco con 125 ml de nata líquida y 75 g de mantequilla. Deje enfriar la mezcla y bátala hasta que esté espesa y cremosa antes de aplicarla con una manga pastelera.

canutillos de chocolate

para **16 canutillos**
tiempo de preparación
   20 minutos, más tiempo
   de endurecido
tiempo de cocción **4 minutos**
   cada hornada

1 **clara de huevo**
50 g de **azúcar extrafino**
2 cucharadas de **harina**
1 cucharada de **cacao en polvo**
2 cucharadas de **nata para
   montar**
25 g de **mantequilla**, derretida
150 g de **chocolate negro**

Bata la clara de huevo y el azúcar hasta que estén bien mezclados. Tamice la harina y el cacao en polvo sobre el cuenco. Añada la nata y la mantequilla y remueva los ingredientes.

Cubra 4 bandejas de horno con papel antiadherente. Las galletas se cocerán en 4 hornadas. Coloque las 4 primeras cucharaditas, bien separadas, sobre una de las bandejas y espárcelas ligeramente con el reverso de una cuchara. Cuézalas en el horno precalentado, a 220 °C, durante 4 minutos hasta que las galletas se expandan y los bordes empiecen a oscurecerse.

Saque la bandeja del horno y deje reposar las galletas durante 30 segundos. Con la ayuda de una espátula, retírelas del papel y enróllelas alrededor de los mangos de cucharas de madera hasta que se endurezcan. Separe las galletas de las cucharas con cuidado y colóquelas sobre una rejilla. Cueza las tres hornadas restantes.

Funda el chocolate en un recipiente al baño María (*véase* pág. 10) y moje uno de los lados de todas las galletas en él; deje que el exceso de chocolate vuelva a caer en el recipiente. Coloque las galletas sobre una hoja de papel de horno antiadherente hasta que se endurezcan.

Para preparar *mousse* de chocolate blanco para servir con los canutillos de chocolate, funda 200 g de chocolate blanco y 75 g de mantequilla en un recipiente al baño María. Retire el chocolate del fuego y añádale 3 yemas de huevo, 1 cucharadita de extracto de vainilla y 300 ml de nata montada. Bata la mezcla. Bata 3 claras de huevo y añádalas a la mezcla. Ponga la *mousse* a enfriar antes de servirla.

cookies de chocolate doble

para **9 *cookies***
tiempo de preparación
 15 minutos, más tiempo
 de enfriado
tiempo de cocción **10 minutos**

150 g de **mantequilla**
150 g de **azúcar rubio extrafino**
1 **yema de huevo**
250 g de **harina con levadura**
25 g de **cacao en polvo**
100 g de **chocolate negro,
 blanco** o **con leche**, cortado
 en onzas

Mezcle la mantequilla y el azúcar hasta obtener una pasta pálida, suave y esponjosa. Añada la yema de huevo y tamice la harina y el cacao en polvo sobre el cuenco. Mezcle todos los ingredientes hasta obtener una masa firme. Amásela ligeramente sobre una superficie enharinada, forme una bola y póngala a enfriar durante 20 minutos.

Extienda $^1/_4$ de la masa sobre una hoja de papel de horno antiadherente y corte 9 círculos con un molde de 5 cm. Coloque una onza de chocolate sobre cada círculo de masa. Corte 9 círculos más y cubra con ellos las onzas de chocolate; presione bien los bordes para sellarlos. Coloque el papel y las galletas en una bandeja de horno. Repita la operación con el resto de la masa.

Cueza las galletas en el horno precalentado, a 190 °C, durante 10 minutos. Déjelas enfriar durante 10 minutos antes de colocarlas sobre una rejilla.

Para preparar *cookies* de jengibre y chocolate, prescinda del cacao en polvo y añada 1 cucharada de jengibre molido y una pizca de especias variadas a la mezcla de las galletas, y cuézalas tal como se indica en la receta. Escurra dos piezas de jengibre confitado, trocéelas y mézclelas con 4 cucharadas de crema de chocolate para untar envasada o casera (*véase* pág. 128). Cuando las galletas se hayan enfriado completamente, únalas con la crema de chocolate y jengibre.

florentinas

para **48 florentinas**
tiempo de preparación
 30 minutos, más tiempo
 de enfriado
tiempo de cocción **40 minutos**

150 g de **mantequilla**
175 g de **azúcar extrafino**
4 cucharadas de **nata para
 montar**
75 g de **cáscaras de cítricos**,
 troceadas
50 g de **cerezas confitadas**,
 troceadas
50 g de **almendras laminadas**
40 g de **grosellas secas**
25 g de **piñones**
50 g de **harina**
150 g de **chocolate negro**
150 g de **chocolate blanco**

Caliente la mantequilla y el azúcar en una cacerola a fuego lento hasta que la mantequilla se derrita. Suba el fuego y lleve la mezcla a ebullición. Retire inmediatamente la cacerola del fuego, añada la nata, las cáscaras de cítricos, las cerezas, las almendras, las grosellas, los piñones y la harina. Remueva los ingredientes hasta que todo esté bien mezclado.

Engrase 2 bandejas de horno grandes y cúbralas con papel antiadherente. Vierta 12 cucharaditas colmadas (¹/₄ de la mezcla) en cada bandeja. Cueza las galletas en el horno precalentado, a 180 °C, durante 7 minutos.

Retire las bandejas del horno. Con un molde de galletas de 7 cm, recórtelas por los bordes para crear círculos de unos 5 cm. Cuézalas durante 3 o 4 minutos más hasta que los bordes estén dorados. Sáquelas del horno y déjelas reposar durante 2 minutos. Repita la operación con la mezcla restante.

Funda el chocolate negro y el chocolate blanco en recipientes separados al baño María (*véase* pág. 10). Vierta el chocolate fundido en 2 mangas pasteleras y rocíe las galletas con chocolate negro o blanco. Déjelas reposar hasta que el chocolate se seque.

Para preparar delicias de coco y chocolate, bata la clara de 1 huevo grande hasta que esté firme y añada gradualmente 225 g de azúcar rubio extrafino. Tamice 4 cucharadas de harina sobre la clara de huevo y añada 225 g de coco rallado seco. Remueva los ingredientes. Divida la mezcla entre 2 bandejas de horno con papel y con un molde de galletas de 7 cm corte 6 círculos en cada bandeja. Cueza las galletas tal como se indica en la receta.

biscotti de chocolate y nueces

para **20 personas**
tiempo de preparación
15 minutos, más tiempo
de enfriado
tiempo de cocción **40 minutos**

200 g de **chocolate negro**
25 g de **mantequilla**
200 g de **harina con levadura**
1 ½ cucharadita de **levadura**
100 g de **azúcar mascabado
claro**
50 g de **sémola molida
o polenta**
la ralladura de ½ **naranja**
1 **huevo**
1 cucharadita de **esencia
de vainilla**
100 g de **nueces troceadas**
azúcar lustre, para espolvorear

Funda el chocolate en un recipiente al baño María
(*véase* pág. 10) y añádale la mantequilla.

Tamice la harina y la levadura en un cuenco. Añada el azúcar,
la sémola o la polenta, la ralladura de naranja, el huevo, la
esencia de vainilla y las nueces. Incorpore el chocolate fundido
y la mantequilla y mezcle los ingredientes hasta obtener
una masa. Si la mezcla está demasiado seca, añada
1 cucharada de agua.

Coloque la masa en una superficie enharinada y divídala
en 2 mitades. Forme un cilindro de unos 28 cm de largo
con cada mitad. Engrase ligeramente una bandeja de horno
grande. Coloque los 2 cilindros en la bandeja y aplánelos
hasta que tengan 1,5 cm de grosor.

Cueza la masa en el horno precalentado, a 160 °C, durante
25 minutos o hasta que haya subido y esté firme. Deje enfriar
la masa y córtela en diagonal para obtener galletas de 1,5 cm
de grosor. Vuelva a colocar las galletas en la bandeja de horno,
con algo de espacio entre ellas, y cuézalas durante 10 minutos
más, hasta que estén crujientes. Déjelas enfriar y espolvoréelas
con azúcar lustre.

Para preparar *biscotti* **de chocolate, almendras y nuez
de Brasil**, tamice 250 g de harina y 1 ½ cucharadita de
levadura en un cuenco; añada 25 g de cacao en polvo,
150 g de azúcar rubio extrafino, 75 g de nueces de Brasil
troceadas, 3 huevos y 2 cucharaditas de extracto de vainilla.
Forme 2 cilindros largos y cuézalos tal como se indica
en la receta. Una vez fríos, corte las galletas y cuézalas
durante 15 minutos más, hasta que estén crujientes.

galletas de vainilla y cacao

para **18 galletas**
tiempo de preparación
   15 minutos, más tiempo
   de enfriado
tiempo de cocción **30 minutos**

125 g de **mantequilla**
125 g de **azúcar rubio extrafino**
1 cucharadita de **extracto**
   de vainilla
175 g de **harina**
1 cucharada de **cacao en polvo**
1 **huevo** grande
1 **yema de huevo**

para el **glaseado**
125 g de **azúcar lustre**
2 cucharadas de **agua**

Mezcle la mantequilla, el azúcar y el extracto de vainilla en un robot de cocina. Añada la harina, el cacao en polvo, el huevo entero y la yema de huevo. Vuelva a mezclar los ingredientes hasta que la mezcla forme una bola. Amásela ligeramente hasta que se suavice. Envuélvala en film transparente y póngala a enfriar durante 30 minutos.

Extienda la masa entre 2 hojas de papel de horno hasta obtener un grosor de 2,5 mm. Corte 15 corazones con un molde de 5 cm. Amase la masa sobrante y corte 3 corazones más. Deje los corazones sobre el papel de horno y colóquelo en 2 bandejas de horno.

Cueza las galletas en el horno precalentado, a 180 °C, durante 10-12 minutos, hasta que estén firmes y doradas. Déjelas enfriar durante 5 minutos y páselas a una rejilla para que se enfríen completamente.

Tamice el azúcar lustre en un cuenco, añada 1 cucharada de agua fría, remueva y añada otra cucharada de agua para obtener una consistencia suave. Ponga el azúcar en una manga pastelera con una boquilla lisa pequeña y trace distintos diseños en los bordes de las galletas.

Para preparar galletas de miel con virutas de chocolate, funda 50 g de mantequilla en una cacerola con 2 cucharadas de miel y 50 g de azúcar moreno claro. Vierta la mezcla en un cuenco y mézclela con 50 g de harina, ½ cucharadita de extracto de vainilla y 2 claras de huevo. Vierta la mezcla a cucharadas en 2 bandejas de horno cubiertas de papel de horno y espolvoree las galletas con chocolate negro troceado y pacanas troceadas. Cueza las galletas y decórelas tal como se indica en la receta.

tiffin

8 raciones

tiempo de preparación
 30 minutos, más tiempo
 de enfriado
tiempo de cocción **5 minutos**

50 g de **pasas sultanas**
75 g de **dátiles**, troceados
4 cucharadas de **ron**
200 g de **chocolate negro**
125 g de **mantequilla**
150 g de **melaza de caña**
 («golden syrup»)
250 g de **galletas** *digestive*,
 troceadas
la ralladura de ½ **naranja**

para la **cobertura**
100 g de **chocolate negro**
100 g de **chocolate blanco**
50 g de **Maltesers**, troceados

Coloque las sultanas, los dátiles y el ron en un cuenco
y déjelos macerar durante 30 minutos.

Funda el chocolate, la mantequilla y la melaza de caña en
una cacerola. Retírela del fuego, añada las galletas, la ralladura
de naranja y la fruta macerada y remuévalo todo.

Engrase un molde cuadrado de 18 cm y cubra la base
con papel de horno. Vierta la mezcla en el molde y póngalo
a enfriar en la nevera durante 1 hora.

Funda el chocolate negro y el chocolate blanco para
la cobertura en 2 recipientes separados al baño María
(*véase* pág. 10). Vierta el chocolate negro fundido sobre
la base de galletas y rocíelo con el chocolate blanco. Pase
un palillo por la superficie de chocolate para formar volutas.
Espolvoree los Maltesers troceados sobre el chocolate.
Ponga el pastel a enfriar durante al menos 2 horas y córtelo
en porciones triangulares para servirlo.

Para preparar *tiffin* de chocolate con leche, uvas pasas
y ciruelas pasas, sustituya las sultanas y los dátiles con
50 g de uvas pasas y 75 g de ciruelas pasas troceadas.
Deje macerar la fruta durante 30 minutos en 4 cucharadas de
jerez o brandy. Funda 125 g de onzas de chocolate con leche
con la mantequilla y la melaza de caña y continúe como se
indica en la receta. Para la cobertura, funda 150 g de chocolate
con leche en un recipiente al baño María y viértalo sobre
la base de galletas. Ponga el pastel a enfriar y sírvalo tal
como se indica en la receta.

cookies con pepitas de chocolate sin gluten

para **30 galletas**

tiempo de preparación
10 minutos, más tiempo de enfriado

tiempo de cocción **10 minutos**

75 g de **mantequilla**

100 g de **azúcar rubio extrafino**

75 g de **azúcar moreno claro**

1 **huevo**, batido

150 g de **harina integral de arroz**, y un poco más para enharinar

½ cucharadita de **bicarbonato de sodio**

1 cucharada de **cacao en polvo**

75 g de **pepitas de chocolate negro**

Mezcle todos los ingredientes, excepto las pepitas de chocolate, en un robot de cocina hasta obtener una masa homogénea, o bátalos en un cuenco grande. Añada las pepitas de chocolate y trabaje la masa con las manos para formar una bola.

Enharine ligeramente una superficie con harina de arroz. Ponga la masa sobre la superficie y divídala en 30 bolas. Ponga las bolas, bien separadas, en bandejas de horno cubiertas de papel. Aplástelas suavemente con el reverso de un tenedor.

Cueza las galletas en el horno precalentado, a 180 °C, durante 8-10 minutos. Saque las galletas del horno, déjelas reposar durante unos minutos para que se endurezcan y colóquelas sobre una rejilla hasta que se enfríen.

Para preparar *cookies* de chocolate y cerezas sin gluten, utilice 100 g de azúcar mascabado claro en lugar del azúcar extrafino y mézclelo en un robot de cocina junto con el resto de ingredientes. Añada 50 g de pepitas de chocolate sin gluten y 50 g de cerezas secas; continúe tal como se indica en la receta.

brownies de chocolate

para **10** *brownies*
tiempo de preparación
   15 minutos, más tiempo
   de enfriado
tiempo de cocción **25 minutos**

75 g de **chocolate negro**
75 g de **mantequilla**
2 **huevos**
250 g **azúcar rubio extrafino**
100 g de **harina**
½ cucharadita de **levadura**

Funda el chocolate con la mantequilla en un recipiente al baño María (*véase* pág. 10).

Bata los huevos y el azúcar en un cuenco hasta obtener una pasta cremosa y pálida. Añada el chocolate fundido a la mezcla de huevos. Tamice la harina y la levadura sobre el cuenco y mezcle todos los ingredientes.

Engrase un molde cuadrado de 20 cm y cubra la base con papel de horno antiadherente. Vierta la mezcla en el molde y cuézala en el horno precalentado, a 190 °C, durante 25 minutos, hasta que la parte superior de los *brownies* esté firme y al clavar un pincho en el centro éste salga limpio. Déjelos reposar en el molde durante 5 minutos y córtelos en cuadrados.

Para preparar *brownies* **de** *toffee*, **chocolate y nueces**, añada 125 g de nueces, pacanas y avellanas troceadas a la harina. Funda 200 g de *toffees* cremosos con 4 cucharadas de nata para montar. Vierta la mitad de la mezcla del *brownie* en el molde. Vierta la salsa de *toffee* por encima y termine con el resto de la mezcla del *brownie*. Cuézalo tal como se indica en la receta.

porciones de caramelo y piñones

para **12 porciones**
tiempo de preparación
  20 minutos, más tiempo
  de enfriado
tiempo de cocción
  20-25 minutos

125 g de **mantequilla**
65 g de **azúcar extrafino**,
  y un poco más para espolvorear
125 g de **harina**
65 g de **harina de arroz**
una pizca de **sal**
200 g de **chocolate negro**

para el **caramelo con piñones**
50 g de **mantequilla**
50 g de **azúcar moreno claro**
400 g de **leche condensada
  endulzada**
50 g de **piñones**

Bata la mantequilla y el azúcar en un cuenco hasta obtener una pasta pálida y ligera. Tamice la harina, la harina de arroz y la sal en el cuenco y mezcle los ingredientes hasta obtener una masa blanda. Forme un disco llano con la masa, envuélvala en film transparente y póngala a enfriar en la nevera durante 30 minutos.

Engrase y forre un molde cuadrado de 20 cm con papel de horno que sobresalga por los lados. Extienda la masa sobre una superficie ligeramente enharinada y colóquela, presionando, en la base del molde. Cuézala en el horno precalentado, a 190 °C, durante 20-25 minutos, hasta que se dore. Sáquela del horno y deje que se enfríe dentro del molde.

Caliente la mantequilla, el azúcar y la leche condensada a fuego lento, sin parar de remover hasta que la mantequilla se derrita y el azúcar se disuelva por completo. Suba el fuego y lleve la mezcla a ebullición; bata sin parar durante 5 minutos hasta que la mezcla se espese. Retire la cacerola del fuego, añada los piñones y vierta la mezcla de caramelo sobre la capa de bizcocho. Deje reposar hasta que el caramelo se endurezca. Ponga el pastel a enfriar durante 2 horas, hasta que esté firme.

Funda el chocolate en un recipiente al baño María (*véase* pág. 10). Viértalo sobre la capa de caramelo y alise la superficie con una espátula. Deje que el chocolate se enfríe. Cuando se haya endurecido, saque el pastel del molde y córtelo en 12 porciones.

Para preparar porciones de chocolate blanco, caramelo y piñones, sustituya los 65 g de harina de arroz por harina de maíz y combínela con los otros ingredientes tal como se indica en la receta. Prepare la cobertura con 200 g de chocolate blanco en lugar del chocolate negro y añada una gota de extracto de vainilla.

delicias de chocolate

para **25 delicidas**
tiempo de preparación
   10 minutos
tiempo de cocción **15 minutos**

50 g de **chocolate negro**, rallado
2 **claras de huevo**
100 g de **azúcar extrafino**
125 g de **almendras molidas**
25 g de **bolitas de chocolate**,
   para decorar

Bata las claras de huevo hasta que estén firmes. Añada gradualmente el azúcar sin dejar de batir, hasta que la mezcla se espese y tenga un aspecto brillante. Añada las almendras molidas y el chocolate rallado. Remueva los ingredientes.

Forre una bandeja de horno grande con papel de horno antiadherente. Vierta la mezcla en una manga pastelera con una boquilla redonda grande y forme pequeños círculos, de unos 4 cm de diámetro, sobre la bandeja de horno. De forma alternativa, coloque pequeñas cucharaditas de la mezcla sobre la bandeja de horno.

Coloque una bolita de chocolate en el centro de cada macarrón. Cueza las delicias en el horno precalentado, a 180 °C, durante unos 15 minutos, hasta que suban un poco y estén firmes. Deje las delicias sobre el papel de horno para que se enfríen.

Para preparar delicias de chocolate blanco y pistacho, sustituya el chocolate negro por 50 g de chocolate blanco. Muela 125 g de pistachos en un robot de cocina y utilícelos en lugar de las almendras. Continúe la receta tal como se indica en la receta.

clásicos revisados

trifle de *brownie* y crema

10 raciones
tiempo de preparación
  30 minutos, más tiempo
  de enfriado
tiempo de cocción **10 minutos**

200 g de ***brownies* de
  chocolate** envasados
  o ***brownies* caseros**
  (*véase* pág. 192)
3 cucharadas de **licor
  de chocolate**
225 g de **chocolate negro**
225 ml de **agua hirviendo**
20 **chocolatinas finas de
  chocolate belga**, para decorar

para la **crema**
3 **yemas de huevo**
25 g de **azúcar rubio extrafino**
1 cucharadita de **harina de maíz**
275 ml de **nata para montar**

para la **cobertura**
275 ml de **nata para montar**
1 cucharadita de **extracto
  de vainilla**
1 cucharada de **sirope de arce**

Trocee los *brownies* de chocolate y colóquelos en la base de 10 recipientes individuales. Rocíelos con el licor de chocolate.

Funda el chocolate en un recipiente al baño María (*véase* pág. 10). Añada el agua hirviendo cucharada a cucharada; remueva bien entre cada cucharada de agua para formar una salsa suave. Vierta la salsa sobre los *brownies*, tape los recipientes de cristal y póngalos a enfriar durante 2 horas.

Mezcle las yemas de huevo, el azúcar y la harina de maíz en una jarra para preparar la crema. Lleve la nata a ebullición en una cacerola y añádala a la mezcla de huevos batiendo continuamente. Vierta la crema en la cacerola y caliéntela a fuego lento, sin parar de remover, hasta que la salsa se espese y tenga una consistencia cremosa. Vierta la crema en la jarra y cúbrala con papel de horno antiadherente. Póngala a enfriar durante 1 hora. Cuando la capa de chocolate se haya endurecido, vierta la crema por encima y ponga los recipientes a enfriar.

Monte la nata hasta que empiece a formar picos, añada el extracto de vainilla y el sirope de arce. Vierta la nata a cucharadas sobre la capa de crema. Decore los *trifles* con las chocolatinas finas.

Para preparar *trifles* de *brownie* y plátano, ponga a enfriar los *brownies* con la salsa de chocolate tal como se indica en la receta. Mezcle 2 plátanos cortados en rodajas con 6 cucharadas de zumo de frutas tropicales y añada la mezcla a la capa de salsa de chocolate. Mezcle 250 ml de crema envasada o casera con 250 g de queso mascarpone. Vierta la crema sobre la capa de plátano y rocíela con 4 cucharadas de dulce de leche.

baked alaska de chocolate

para **4-6 raciones**
tiempo de preparación
  10 minutos, más tiempo
  de congelado
tiempo de cocción **5 minutos**

1 **base de bizcocho pequeña**
2 cucharadas de **zumo de
  manzana** o **licor de chocolate**
4 cucharadas de **mermelada
  de cereza, frambuesa** o **fresa**
500 ml de **helado de chocolate
  de buena calidad**
3 **claras de huevo**
125 g de **azúcar rubio extrafino**

Coloque la base de bizcocho en una fuente para tartas apta para el horno. Rocíela con el zumo de manzana o el licor de chocolate, añada la mermelada y espárzala bien sobre toda la base.

Pase un cuchillo poco afilado por los lados de la terrina de helado para que éste salga con facilidad. Voltee la terrina sobre la base de bizcocho. Ponga el conjunto en una superficie llana del congelador.

Bata las claras de huevo en un cuenco limpio (si queda algo de yema, retírela con una cucharilla) hasta que se espesen y se vuelvan blancas. Agite el cuenco un poco de lado a lado; si las claras no se mueven, están listas. Añada el azúcar cucharada a cucharada batiendo continuamente, hasta que el merengue esté suave, brillante y forme picos firmes.

Cubra el helado con el merengue con la ayuda de una espátula; asegúrese de que el helado quede completamente cubierto y el merengue selle el borde de la base de bizcocho. Vuelva a poner el pastel en el congelador durante al menos 1 hora (puede dejarlo durante todo el día).

Cueza el pastel en el horno precalentado, a 220 °C, durante 5 minutos, hasta que el merengue empiece a dorarse. Sírvalo inmediatamente.

Para preparar *baked alaskas* de chocolate doble, coloque 6 *brownies* de chocolate en la base de una fuente para bizcochos apta para el horno en lugar de la base de bizcocho. Añada 100 g de pepitas de chocolate blanco a la mezcla de merengue y continúe la receta tal como se indica en la receta.

tarta de chocolate sin harina

8 raciones
tiempo de preparación
  1-2 minutos, más tiempo
  de enfriado
tiempo de cocción **50 minutos**

300 g de **chocolate negro**,
  troceado
175 g de **mantequilla**
2 cucharaditas de **extracto**
  de vainilla
5 **huevos**
6 cucharadas de **nata espesa**,
  y un poco más para servir
  (opcional)
225 g de **azúcar rubio extrafino**
1 puñado de **arándanos**
1 puñado de **frambuesas**

Funda el chocolate y la mantequilla en un recipiente grande al baño María (*véase* pág. 10); remueva hasta que la mezcla sea uniforme. Retire el chocolate del fuego y añada el extracto de vainilla.

Bata los huevos, la nata y el azúcar rubio extrafino durante 3-4 minutos (la mezcla debe ser bastante líquida) y añada la mezcla al chocolate.

Cubra la base y los lados de un molde redondo de 23 cm con papel de horno antiadherente. Vierta la mezcla en el molde y cuézala en el horno precalentado, a 180 °C, durante 45 minutos, o hasta que se forme una costra en la superficie. Deje reposar la tarta y pase un cuchillo por los lados del molde para que salga fácilmente.

Voltee la tarta sobre una fuente para servir y cúbrala con los arándanos y las frambuesas. Si lo desea, sírvala con un poco de nata.

Para preparar un *coulis* de fresas para acompañar la tarta en lugar de la fruta y la nata, procese 200 g de frambuesas con 2 cucharadas de azúcar rubio extrafino en un robot de cocina hasta obtener una pasta homogénea. Pase la mezcla por un colador metálico antes de servirla sobre las porciones de tarta.

muffins de chocolate y vainilla

para **12 *muffins***
tiempo de preparación
  15 minutos, más tiempo
  de enfriado
tiempo de cocción **25 minutos**

125 g de **harina**
200 g de **harina con levadura**
½ cucharadita de **levadura**
125 g de **chocolate blanco**,
  rallado o picado
½ cucharadita de **bicarbonato**
  de sodio
200 g de **azúcar rubio extrafino**
la ralladura de 1 **limón**
200 g de **mantequilla**, derretida
3 **huevos** grandes
125 ml de **crema agria**
1 cucharadita de **extracto**
  de vainilla
125 ml de **vino dulce de postre**
azúcar lustre, para espolvorear

Tamice ambas harinas y la levadura en un cuenco grande. Añada el chocolate blanco, el bicarbonato de sodio, el azúcar y la ralladura de limón y mezcle bien todos los ingredientes.

Mezcle la mantequilla, los huevos, la crema y el extracto de vainilla en una jarra grande. Vierta los ingredientes húmedos sobre los ingredientes secos y remueva el conjunto hasta obtener una masa homogénea.

Ponga 12 moldes de papel para magdalenas en una bandeja para magdalenas de 12 agujeros. Vierta la mezcla en los moldes y cueza los *muffins* en el horno precalentado, a 180 °C, durante 25 minutos, hasta que la masa suba y los *muffins* estén firmes y ligeramente dorados. Para comprobar si están listos, inserte un palillo en el centro de un *muffin*. Debe salir limpio.

Saque los *muffins* de la bandeja para magdalenas con la ayuda de una espátula y déjelos enfriar sobre una rejilla. Agujeree los *muffins* varias veces con un palillo y rocíelos con el vino dulce. Espolvoréelos con el azúcar lustre antes de servirlos.

Para preparar una cobertura especial para *muffins*, funda 200 g de chocolate blanco con un tarro de 140 g de glucosa líquida. Añada 100 g de azúcar lustre tamizado y remueva la mezcla hasta que forme una bola. Corte la pasta en 12 piezas, recórtela en forma de flor y coloque cada pieza encima de los *muffins*. No decore los *muffins* hasta pocas horas antes de servirlos.

tarta de fruta y chocolate blanco

para **35 raciones**
tiempo de preparación
1 hora y 30 minutos,
más tiempo de enfriado
tiempo de cocción **2 horas**

625 g de **fruta seca variada**
150 ml de **brandy**
500 g de **mantequilla**
500 g de **azúcar mascabado**
8 **huevos**
500 g de **harina con levadura**
50 g de **cacao en polvo**
1 cucharada de **especias
variadas molidas**
1 cucharada de **jengibre molido**
200 g de **pacanas**
200 g de **chocolate con leche**
200 g de **chocolate blanco,**
troceado
6 cucharadas de **glaseado
de albaricoque** envasado
(o **mermelada de albaricoque**
colada y caliente)
1 kg de **mazapán blanco**

para la **decoración**
rosas de Jericó o **rosas blancas**
azúcar lustre rubio

Caliente la fruta seca a fuego lento con $^2/_3$ del brandy.

Mezcle la mantequilla con el azúcar hasta obtener una consistencia suave y esponjosa. Añada gradualmente los huevos, batiendo sin parar. Tamice la harina, el cacao en polvo, las especias y el jengibre sobre la mezcla. Añada los frutos secos, el chocolate blanco y el chocolate con leche, la fruta macerada y el brandy. Mezcle todos los ingredientes.

Engrase y forre un molde redondo de 23 cm y otro de 15 cm; vierta la mezcla dentro y cuézala en el horno precalentado, a 150 °C, durante 1 hora y 45 minutos para el molde pequeño y 2 horas para el grande. Deje enfriar las tartas en los moldes.

Caliente ligeramente el glaseado de albaricoque con el resto del brandy. Corte horizontalmente la parte superior de la tarta grande para allanarla. Colóquela en una fuente y píntela con el glaseado de albaricoque.

Extienda $^2/_3$ del mazapán sobre una superficie espolvoreada con azúcar lustre hasta obtener un círculo de 33 cm. Cubra con éste la tarta grande y recorte el mazapán sobrante. Coloque la tarta pequeña encima de la tarta grande y píntela con el glaseado de albaricoque. Cubra la tarta pequeña con el resto del mazapán.

Envuelva las tartas con una cinta ancha y decórelas con las rosas. Espolvoree la tarta con azúcar lustre para terminar.

Para preparar una cobertura de chocolate blanco, funda 800 g de chocolate blanco con 560 g de glucosa líquida. Retire el chocolate del fuego, añada 400 g de azúcar lustre rubio tamizado y remueva la mezcla hasta que forme una bola. Extienda $^2/_3$ de la cobertura sobre la tarta grande y el resto en la tarta pequeña.

pastel de chocolate, pasas y avellanas

12 raciones

tiempo de preparación
 15 minutos, más tiempo
 de enfriado
tiempo de cocción **unas 2 horas**

3 **barritas de chocolate** *flaky*,
 cortadas en piezas de 1,5 cm
225 g de **mantequilla**
 o **margarina**
225 g de **azúcar extrafino**
275 g de **harina con levadura**
25 g de **cacao en polvo**
4 **huevos**
150 g de **avellanas**, troceadas
200 g de **chocolate negro**,
 troceado
225 g de **pasas**
cacao en polvo o **azúcar lustre**,
 para espolvorear

Mezcle la mantequilla o la margarina con el azúcar.
Añada la harina, el cacao en polvo y los huevos al cuenco
y remueva la mezcla hasta obtener una pasta homogénea.
Reserve la mitad de las piezas de las barritas de chocolate,
50 g de avellanas y 50 g de chocolate negro. Añada el resto
de ingredientes a la mezcla junto con las pasas.

Engrase y forre un molde redondo de 20 cm o un molde
cuadrado de 18 cm. Vierta la mezcla en el molde y añada
el chocolate y las avellanas reservados. Cueza el pastel
en el horno precalentado, a 150 °C, durante 2 horas o hasta
que un palillo insertado en el centro del pastel salga limpio.

Deje enfriar el pastel en el molde. Sírvalo ligeramente
espolvoreado con cacao en polvo o azúcar lustre.

Para preparar un pastel de chocolate, plátano y almendras,
elabore la mezcla del pastel tal como se indica en la receta,
pero sustituya 75 g de harina por 75 g de almendras molidas
y los 50 g de avellanas por 50 g de almendras laminadas.
Añada 2 plátanos maduros machacados a la mezcla. Vierta
la mezcla en un molde preparado de 18 × 28 cm y añada
el chocolate reservado y 100 g de almendras laminadas en
lugar de las avellanas. Cueza el pastel tal como se indica
en la receta y córtelo en porciones cuadradas para servirlo.

tartaletas de chocolate

12 raciones

tiempo de preparación
  45 minutos, más tiempo
  de enfriado

tiempo de cocción **30 minutos**

350 g de **harina**, y un poco
  más para enharinar

3 cucharadas de **cacao en polvo**

6 cucharadas de **azúcar lustre**

200 g de **mantequilla**, fría
  y cortada en cubitos

1 **huevo** grande, ligeramente
  batido

1-2 cucharadas de **agua helada**

750 g de *mincemeat* (conserva
  de fruta picada y especias)

75 g de **pacanas**, troceadas

50 g de **chocolate negro**,
  troceado

3 cucharadas de **glaseado
  de albaricoque** o **jalea de
  arándanos**

1 cucharada de **azúcar lustre
  rubio**, para espolvorear

Procese la harina, el cacao en polvo y el azúcar lustre en un robot de cocina durante unos segundos. Añada la mantequilla y bata la mezclar para formar migas; añada el huevo y 1 cucharada de agua y procese los ingredientes hasta que empiecen a mezclarse (añada más agua si es necesario). Amase la masa hasta que presente una consistencia homogénea sobre una superficie ligeramente enharinada. Envuelva la masa en film transparente y póngala a enfriar durante 1 hora.

Extienda la masa sobre una superficie ligeramente enharinada. Con un molde para tartaletas de 12 cm o un platillo como guía, córtela en círculos. Amase la masa sobrante suavemente, vuélvala a extender y corte algunos círculos más.

Engrase una bandeja para magdalenas con 12 agujeros y cubra los agujeros con moldes de papel para magdalenas. Coloque los círculos de masa en los moldes y ponga la bandeja a enfriar durante 15 minutos. Añada el *mincemeat* a los moldes y los trocitos de pacana y de chocolate por encima.

Estire los bordes de la pasta hacia arriba y presiónelos sobre el relleno. Pinte la parte superior de las tartaletas con glaseado de albaricoque o jalea de arándanos y cuézalas en el horno precalentado, a 200 °C, durante 30 minutos. Deje enfriar las tartaletas en los moldes. Sáquelas de los moldes y espolvoréelas con azúcar lustre para servir.

Para preparar una cobertura *streusel* de almendras, mezcle 50 g de almendras laminadas, 50 g de azúcar moreno y 50 g de galletas *digestive* machacadas y espolvoree las tartaletas con esta mezcla en lugar de las pacanas y el chocolate.

buñuelos de *toffee*

para **8 buñuelos**
tiempo de preparación
30 minutos, más tiempo
de enfriado
tiempo de cocción **45 minutos**

50 g de **mantequilla**
150 ml de **agua natural con gas**
1 cucharada de **azúcar rubio
extrafino**
65 g de **harina**, tamizada
sobre un papel de horno
antiadherente
2 **huevos**, ligeramente batidos

para la **cobertura**
200 g de **chocolate negro**
75 g de **mantequilla**

para el **relleno**
300 ml de **nata para montar**
1 cucharadita de **extracto
de vainilla**
1 cucharadita de **azúcar rubio
extrafino**
8 cucharadas de **dulce de leche**

Derrita la mantequilla con el agua con gas y el azúcar
en una cacerola de base gruesa. Lleve la mezcla a ebullición,
apague el fuego y añada inmediatamente toda la harina.
Bata vigorosamente con una cuchara de madera hasta
que la mezcla forme una bola en el centro de la cacerola.
Ponga la bola en un cuenco y déjela reposar durante
15 minutos. Añada los huevos al cuenco de forma gradual
y bata la mezcla hasta obtener una pasta suave y brillante.

Rocíe una bandeja de horno antiadherente con agua.
Ponga 8 cucharadas grandes de la mezcla en la bandeja bien
separadas. Cueza la pasta en el horno precalentado, a 220 °C,
durante 30 minutos, hasta que haya subido y esté dorada, y
apague el horno. Agujeree todos los buñuelos con un cuchillo
afilado para que salga el vapor y déjelos en el horno durante
10-15 minutos, hasta que se sequen. Coloque los buñuelos
sobre una rejilla para que se enfríen completamente.

Funda el chocolate con la mantequilla en un recipiente
al baño María (*véase* pág. 10) para elaborar la cobertura.
Utilice un cuchillo de sierra para cortar los buñuelos por la mitad.

Monte la nata con el extracto de vainilla y el azúcar.
Unte la base de cada buñuelo con 1 cucharada de dulce
de leche y termínelos con 1 cucharada de nata y las tapas.
Rocíe las tapas de los buñuelos con el chocolate fundido.

Para preparar buñuelos de plátano y dulce de leche,
corte 2 plátanos pequeños en rodajas y métalos en un
cuenco con 2 cucharaditas de zumo de limón. Coloque
unas rodajas de plátano sobre la capa de dulce de leche
en el centro de cada buñuelo.

muffins de chocolate, naranja y avena

para **9-10 *muffins***
tiempo de preparación
10 minutos
tiempo de cocción
15-20 minutos

225 g de **harina**
2 cucharaditas de **levadura**
la ralladura de 1 **naranja**
50 g de **avena mediana**, y un
   poco más para espolvorear
75 g **azúcar mascabado claro**
200 g de **yogur griego**
4 cucharadas de **aceite
   de girasol** o **vegetal**
150 ml de **leche**
1 **huevo**
200 g de **chocolate con leche**,
   troceado

Tamice la harina y la levadura en un cuenco. Añada la ralladura de naranja, la avena y el azúcar.

Bata el yogur con el aceite, la leche y el huevo y añádalos al cuenco de los ingredientes secos junto al chocolate. Con una cuchara metálica grande, mezcle suavemente todos los ingredientes hasta que empiecen a combinarse. Añada un poco más de leche si la mezcla está demasiado seca.

Ponga 10 moldes de papel para magdalenas en una bandeja de horno para magdalenas con 10 agujeros. Divida la mezcla entre los moldes y espolvoree un poco de avena sobre cada *muffin*. Cuézalos en el horno precalentado, a 200 °C, durante 15-20 minutos, hasta que suban y empiecen a estar firmes. Sirva los *muffins* calientes o fríos.

Para preparar *muffins* de muesli, sustituya la avena por 75 g de muesli y combínelo con los ingredientes secos tal como se indica en la receta. Añada el yogur, el aceite, la leche y el huevo con una cantidad reducida de 75 g de chocolate con leche; mezcle todos los ingredientes y cueza los *muffins* tal como se indica en la receta.

barritas de avena con fruta y chocolate

para **12 barritas**
tiempo de preparación
  20 minutos, más tiempo
  de enfriado
tiempo de cocción
  25-30 minutos

200 g de **mantequilla**
150 g de **melaza de caña**
  («golden syrup»)
450 g de **copos de avena**
75 g de **azúcar mascabado
  claro**
125 g de **fruta seca variada**
  (como arándanos, grosellas,
  cerezas ácidas)
200 g de **chocolate con leche**

Derrita la mantequilla y la melaza de caña en una cacerola a fuego lento. Retire la cacerola del fuego y añada la avena, el azúcar y la fruta. Remueva los ingredientes.

Engrase un molde cuadrado de 23 cm y 6 cm de hondo. Vierta la mezcla en el molde y presiónela con el reverso de una cuchara. Cuézala en el horno precalentado, a 190°C, durante 25-30 minutos, hasta que esté dorada y firme. Déjela enfriar.

Funda el chocolate en un recipiente al baño María (*véase* pág. 10) y viértalo sobre la mezcla horneada. Deje que el chocolate se enfríe y se seque. Corte la mezcla en 12 barritas.

Para preparar barritas de avena con frutas tropicales y chocolate blanco, utilice 125 g de mango, papaya y piña secos y troceados en lugar de las frutas secas y cueza la mezcla tal como se indica en la receta. En lugar de la cobertura de chocolate con leche, funda 200 g de chocolate blanco, viértalo sobre la mezcla y espolvoree 3 cucharadas de coco seco, rallado y endulzado sobre el chocolate blanco.

tarta de chocolate, sirope de arce y pacanas

8 raciones
tiempo de preparación
   30 minutos, más tiempo
   de enfriado
tiempo de cocción
   35-40 minutos

200 g de **chocolate negro**
50 g de **mantequilla**
75 g de **azúcar extrafino**
175 ml de **sirope de arce**
3 **huevos**
350 g de **hojaldre** o **pasta quebrada**
125 g de **pacanas**
azúcar lustre, para espolvorear

Precaliente el horno a 180 °C y ponga una bandeja de horno dentro para que se caliente. Funda el chocolate en un recipiente al baño María (*véase* pág. 10) y añada la mantequilla, removiendo.

Caliente el azúcar y el sirope de arce en una cacerola a fuego lento hasta que el azúcar se disuelva. Deje que se enfríe un poco. Bata ligeramente los huevos hasta obtener una consistencia suave. Añada las mezclas de chocolate y de sirope a los huevos.

Engrase un molde para tartas desmontable de 23 cm de diámetro y 3 cm de hondo. Extienda la masa sobre una superficie ligeramente enharinada y cubra el molde con ella. Vierta el relleno en la base de masa. Coloque el molde en la bandeja de horno caliente y cueza la tarta durante 15 minutos, hasta que el relleno empiece a estar firme.

Retire la tarta del horno y disponga las pacanas sobre el relleno. Cueza la tarta durante 10 minutos más, hasta que las pacanas empiecen a dorarse. Saque la tarta del horno y suba la temperatura a 230 °C. Espolvoree la tarta generosamente con azúcar lustre y vuelva a meterla en el horno durante unos 5 minutos, hasta que las pacanas empiecen a caramelizarse. Deje que la tarta se enfríe durante 20 minutos antes de servirla.

Para preparar tarta de chocolate, miel y frutos secos, sustituya el chocolate negro por 100 g de chocolate con leche y 100 g de chocolate negro. Sustituya el sirope de arce por 175 ml de miel líquida. Disponga 75 g de piñones y 50 g de pistachos sobre la tarta en lugar de las pacanas y cuézala tal como se indica en la receta.

pudin *parfait* de navidad

12 raciones
tiempo de preparación
30 minutos, más tiempo
de congelado
tiempo de cocción **5 minutos**

la ralladura y el zumo
de **1 naranja**
2 cucharadas de **licor**
Southern Comfort
o **jerez**, y 12 cucharaditas
más para servir
125 g de **pasas**
125 g de **ciruelas pasas**,
troceadas
1 cucharadita de **especias**
variadas molidas
125 g de **azúcar mascabado**
oscuro, y 1 cucharada más
4 **huevos grandes**, con la clara
y la yema separadas
575 ml de **nata para montar,**
montada hasta que forme picos
suaves
125 g de **chocolate negro a la**
naranja y especias, rallado

Caliente la ralladura y el zumo de naranja y el licor Southern Comfort o el jerez en una cacerola a fuego lento junto con las pasas, las ciruelas y las especias variadas durante 3-5 minutos, hasta que las frutas se hinchen y el líquido se absorba. Procese los ingredientes en un robot de cocina.

Bata 125 g de azúcar y las yemas de huevo en un cuenco durante 5 minutos, hasta que presenten una consistencia espesa y cremosa. Añada la nata sin dejar de remover. Añada el puré de frutas y el chocolate.

Bata las claras de huevo en un cuenco limpio hasta que empiecen a formar picos suaves. Añada 1 cucharada de azúcar y remueva. Incorpore las claras de huevo a la otra mezcla y remueva suavemente.

Forre un molde rectangular para pan de 1 kg con film transparente. Congele la mezcla dentro del molde durante 6 horas. Sirva el pudin cortado en rebanadas en platos grandes y rociado con 1 cucharadita de Southern Comfort o jerez sobre cada rebanada.

Para preparar salsa de caramelo para servir con el pudin *parfait*, mezcle 50 g de mantequilla, 50 g de azúcar rubio extrafino, 75 g de azúcar mascabado claro y 150 g de melaza de caña («golden syrup») en una cacerola. Caliente los ingredientes a fuego lento, remueva todo el tiempo, hasta obtener una textura suave. Siga cociendo la mezcla durante 5 minutos a fuego lento. Retire la cacerola del fuego y añada 125 ml de nata para montar, unas gotas de extracto de vainilla y el zumo de ½ limón.

tarta de chocolate al estilo *devil's food*

12 raciones
tiempo de preparación
30 minutos, más tiempo
de enfriado
tiempo de cocción **35 minutos**

225 g de **harina**
1 cucharadita de **bicarbonato de sodio**
50 g de **cacao en polvo**
125 g de **mantequilla**
250 g de **azúcar mascabado claro**
3 **huevos**
250 ml de **leche**
1 cucharada de **zumo de limón**

para el **glaseado**
175 g de **chocolate negro**
75 g de **chocolate con leche**
3 cucharadas de **azúcar rubio extrafino**
300 ml de **crema agria**

Tamice la harina junto al bicarbonato de sodio y el cacao en polvo. Mezcle la mantequilla y la mitad del azúcar hasta obtener una textura suave y esponjosa. Añada los huevos sin dejar de batir y luego agregue el resto del azúcar. Mezcle la leche con el zumo de limón para acidificarla y añádala a la mezcla de harina; remueva todos los ingredientes.

Engrase 2 moldes para tarta de 20 cm de diámetro y cubra las bases con papel de horno antiadherente. Divida la mezcla entre los dos moldes y alise las superficies.

Cueza las tartas en el horno precalentado, a 180 °C, durante 30 minutos, hasta que hayan subido, sean elásticas al tacto y se encojan por los lados del molde. Déjelas enfriar en los moldes durante 10 minutos y páselas a una rejilla para que se enfríen completamente.

Funda el chocolate negro y el chocolate con leche juntos en un recipiente al baño María (*véase* pág. 10). Retírelo del fuego y añádale el azúcar y la crema agria para elaborar el glaseado.

Corte ambas tartas horizontalmente por la mitad para obtener 4 capas. Coloque una capa en la fuente para servir y úntela con $^1/_4$ del glaseado. Cúbrala con otra capa de tarta y añada un poco más de glaseado. Siga colocando las capas de tarta y glaseado; termine con una capa de glaseado.

Para preparar una cobertura de mascarpone en lugar del glaseado de chocolate, mezcle 500 g de queso mascarpone, 50 g de azúcar mascabado claro, 1 cucharadita de extracto de vainilla y 1 cucharada de licor de chocolate hasta que presenten una consistencia suave y homogénea. Unte la mezcla sobre cada capa de tarta.

sorbete de chocolate

6 raciones
tiempo de preparación
5 minutos, más tiempo
de enfriado y congelado
tiempo de cocción **15 minutos**

200 g de **azúcar mascabado oscuro**
50 g de **cacao en polvo**
1 cucharadita de **café expreso soluble instantáneo**
1 **rama de canela**
600 ml de **agua**
12 **palitos de chocolate**
2 cucharadas de **licor de chocolate**, para servir

Mezcle el azúcar, el cacao en polvo, el café, la rama de canela y el agua en una cacerola grande. Lleve la mezcla a ebullición a fuego lento; remueva hasta que el azúcar se disuelva. Hierva la mezcla durante 5 minutos y retírela el fuego. Deje que se enfríe. Retire la rama de canela.

Vierta el líquido frío en un recipiente apto para congelador, tápelo y congélelo durante 2-4 horas, hasta que se endurezca. Procese la mezcla en un robot de cocina hasta que presente una textura suave, viértala en un molde de pan de 1 kg y congélela durante 2 horas o hasta que se solidifique. Como alternativa, congélela durante 30 minutos en una máquina de hacer helados, viértala en el molde y congélela durante 2 horas.

Coloque el sorbete en una fuente para servir y disponga los palitos de chocolate en la parte superior para decorar. Corte el sorbete a rebanadas y rocíe cada porción con 1 cucharadita de licor de chocolate.

Para preparar sorbete de chocolate y menta, prescinda del café y la rama de canela y añada 1 cucharadita de extracto de menta en el primer paso de la elaboración. Para servir el sorbete, haga bolas y colóquelo en copas individuales; decore cada copa con una ramita de menta y sírvala con 2 o 3 palitos de chocolate y menta.

bizcocho ondulado de chocolate

10 raciones

tiempo de preparación
   15 minutos, más tiempo
   de enfriado
tiempo de cocción **1 hora
   y 30 minutos**

200 g de **chocolate negro**
200 g de **mantequilla**
1 cucharadita de **especias
   variadas molidas**
175 g de **azúcar rubio extrafino**
3 **huevos**
2 cucharaditas de **extracto
   de vainilla**
225 g de **harina con levadura**
½ cucharadita de **levadura**
100 g de **chocolate negro,**
   troceado

Funda el chocolate en un recipiente al baño María (*véase* pág. 10) y añádale 25 g de mantequilla y las especias variadas.

Ponga el resto de la mantequilla, el azúcar, los huevos y el extracto de vainilla en un cuenco. Tamice la harina y la levadura sobre el cuenco y bata la mezcla hasta que presente una consistencia ligera y esponjosa.

Engrase la base y los lados largos de un molde de pan de 1 kg. Vierta $^1/4$ de la mezcla de bizcocho en el molde. Vierta $^1/3$ de la mezcla de chocolate encima de la capa de bizcocho. Siga formando capas alternas y termine con una capa de bizcocho. Espolvoree trocitos de chocolate por encima.

Cueza el bizcocho en el horno precalentado, a 180 °C, durante 1 hora y 15 minutos o hasta que el bizcocho suba y al clavar un palillo en el centro éste salga limpio. Deje reposar el bizcocho en el molde durante 10 minutos, y páselo a una rejilla para que se enfríe completamente.

Para preparar bizcocho ondulado de chocolate y naranja, prescinda del extracto de vainilla y añada el zumo y la ralladura de 2 naranjas. Cueza el bizcocho tal como se indica en la receta. Cuando saque el bizcocho del horno, rocíelo inmediatamente con 2 cucharadas de mermelada de naranja para hacer un glaseado pegajoso.

brownies de chocolate y sirope de arce

para **12 brownies**
tiempo de preparación
15 minutos, más tiempo
de enfriado
tiempo de cocción
35-40 minutos

275 g de **chocolate negro**
250 g de **mantequilla**
3 **huevos**
175 g de **azúcar extrafino**
50 ml de **sirope de arce**
100 g de **harina con levadura**
1 pizca de **sal**
100 g de **nueces**, tostadas
y troceadas (opcional)
125 g de **chocolate blanco**,
troceado
azúcar lustre, para espolvorear

Funda el chocolate negro y la mantequilla en un recipiente al baño María (*véase* pág. 10).

Bata los huevos con el azúcar y el sirope de arce hasta obtener una mezcla pálida y ligera; añada la mezcla de chocolate, la harina, la sal y las nueces (si utiliza). Remueva todos los ingredientes.

Engrase y forre un molde de 30 × 20 cm con un papel que sobresalga por los bordes. Vierta la mezcla en el molde y esparza el chocolate blanco por la superficie.

Cueza el pastel en el horno precalentado, a 190 °C, durante 35-40 minutos, hasta que la parte superior se endurezca y el centro permanezca tierno. Cubra el molde con papel de aluminio si la superficie empieza a tostarse demasiado. Deje enfriar en pastel en el molde. Espolvoréelo con azúcar lustre y córtelo en porciones cuadradas para servirlo.

Para preparar *brownies* **de chocolate y cereza**, utilice 275 g de chocolate negro con cerezas en lugar del chocolate negro normal. Añada 50 g de cerezas ácidas secas al chocolate fundido junto con el resto de ingredientes, y continúe tal como se indica en la receta.

suflés de chocolate bajos en grasa

para **6 suflés**
tiempo de preparación
5 minutos, más tiempo
de enfriado
tiempo de cocción **20 minutos**

50 g de **chocolate negro**,
troceado
2 cucharadas de **harina de maíz**
1 cucharada de **caco en polvo**
1 cucharadita de **café expreso**
instantáneo
4 cucharadas de **azúcar rubio**
extrafino
150 ml de **leche desnatada**
2 **huevos**, con las claras
y las yemas separadas
1 **clara de huevo**
1 cucharada de **cacao en polvo**
tamizado, para espolvorear

Caliente el chocolate, la harina de maíz, el cacao en polvo
y el café con 1 cucharada de azúcar y la leche en una
cacerola a fuego lento hasta que el chocolate se funda.
Siga calentando la mezcla, sin dejar de remover, hasta que
se espese. Retire la cacerola del fuego y deje que se enfríe
un poco. Añada las yemas de huevo mientras remueve
los ingredientes y cubra la cacerola con una hoja de papel
de horno antiadherente.

Bata todas las claras de huevo en un cuenco limpio hasta
que formen picos suaves. Añada gradualmente el resto
del azúcar y bata la mezcla hasta que las claras formen
picos firmes. Añada $1/3$ de las claras de huevo a la mezcla
de chocolate, remueva y agregue el resto de las claras.

Engrase 6 terrinas o recipientes individuales aptos para
el horno, de 150 ml de capacidad, y vierta dentro la mezcla
de chocolate. Cueza los suflés en un horno precalentado,
a 190 °C, sobre una bandeja de horno caliente, durante
12 minutos o hasta que los suflés estén inflados.

Espolvoree los suflés con cacao en polvo y sírvalos
inmediatamente.

Para preparar un suflé sorpresa de chocolate, prepare
la mezcla tal como se indica en la receta, pero sin el café
expreso. Llene los vasitos o terrinas hasta la mitad, añada
1-2 onzas de chocolate con leche a cada uno y cúbralas
con el resto de la mezcla. Cueza los suflés tal como se indica
en la receta.

fondue a los tres chocolates

8 raciones
tiempo de preparación
   15 minutos
tiempo de cocción **10 minutos**

150 g de **chocolate negro**
150 g de **chocolate con leche**
150 g **chocolate blanco**
300 ml de **nata para montar**
75 ml de **aceite de oliva suave**

para **mojar**
200 g de **fresas** frescas
200 g de **frambuesas** frescas
galletas *amaretti*

Funda el chocolate negro, el chocolate blanco y el chocolate con leche en 3 recipientes separados al baño María (*véase* pág. 10), cada uno con $^1\!/_3$ de la nata y $^1\!/_3$ del aceite de oliva.

Vierta cada chocolate en un cuenco pequeño o en una cacerola pequeña para *fondue* con una velita encendida debajo.

Sirva las *fondues* de chocolate con fresas, frambuesas y galletas *amaretti* para mojar.

Para preparar *fondue* de chocolate para niños, prescinda del chocolate negro y utilice 200 g de chocolate con leche y 200 g de chocolate blanco. Sirva la *fondue* con 200 g de *marshmallows* unidos por un palillo a las fresas y las frambuesas.

234

índice

239

agradecimientos

Editor ejecutivo: Nicky Hill
Editora: Fiona Robertson
Directora artística: Sally Bond
Estilista (alimentos): Felicity Barnum-Bobb
Estilista (attrezzo): Liz Hipisley

Fotografía especial: © Octopus Publishing Group
Limited/David Munns
Otras fotografías: © Octopus Publishing Group Limited/
Stephen Conroy 161; /Gus Filgate 85; /Jeremy Hopley
61; /David Loftus 77; /Lis Parsons 83, 87, 165; /Emma
Neish 155, 191; /Gareth Sambridge 177; /Ian Wallace
38, 43, 51, 57, 67, 81, 95, 103, 107, 121, 123, 143, 153,
171, 172, 179, 185, 194, 197, 211, 217, 221, 228, 231.

200
recetas para chocolate